工作即做人

查尔斯◎著

中国商业出版社

图书在版编目（CIP）数据

工作即做人/查尔斯著．—北京：中国商业出版社，2004.10（2021.12 重印）
ISBN 978-7-5044-5236-8

Ⅰ．工…　Ⅱ．查…　Ⅲ．职业道德　Ⅳ．B822.9

中国版本图书馆 CIP 数据核字（2004）第 111499 号

责任编辑：唐伟荣

中国商业出版社出版发行
010-63180647　www.c-cbook.com
（100053　北京广安门内报国寺 1 号）
新 华 书 店 经 销
三河市宏顺兴印刷有限公司印刷

*　*　*

880 毫米×1230 毫米　32 开　6.375 印张　130 千字
2005 年 1 月第 1 版　2021 年 12 月第 2 次印刷
定价：39.80 元

*　*　*　*

（如有印装质量问题可更换）

前　言

工作即做人，是因为人的各种要素，只能在工作中才能形成；人的本质，只能在工作中才能展现；人的潜能，只能在工作中才能开发；人的能力，只能在工作中才能发挥；人的成就，只能在工作中才能取得；人的梦想，只能在工作中才能实现。在这里，工作和做人二者是内在统一的，没有先后之分。

有一则寓言故事，蕴含了深刻的工作即做人的哲理。

赵秀才与钱商人死后一起来到天堂，上帝看过功德簿后对他们说："你们二人前生没有做什么坏事，我特准许你们来生投胎为人。但现在只有两种做人的方式让你们选择，一种是工作，一种是不工作。"上帝说完，便让赵秀才和钱商人慎重考虑后再做选择。

赵秀才心想，前生我的日子过得并不富裕，有时还填不饱肚子，现在准许不做工作，也就是吃、穿都是现成的，我只用坐享其成就行了，那样真是太舒服了。想到这里，他第一个说道："我要做不工作的人。"

钱商人看到赵秀才选择了来生过不劳而获的人生，他想到自己前生经商赚了一点钱，来生就把它们都拿来投资，造福社会。于是，他心甘情愿地选择了做工作的人。

上帝看他们选择完了，当下判定二人来生的命运："赵秀才甘愿过不劳而获的人生，下辈子做乞丐，整天向人索取饭食，接受别人的施舍。钱商人甘愿过有工作的人生，下辈子做富豪，行善布施，帮助别人。"

这个寓言故事告诉了我们这样一个道理：一个人在选择人生时，其实也在选择工作态度。工作态度决定一切。谁懂得"工作即做人"的道理，他的人生结局就不会太坏。

工作是我们立身成事之本。我们懂得工作，就永远有可以付出的资本；我们贪图安逸，就永远有追逐安逸的企求。工作越多，付出越多，收获越大；懒惰越多，收获越小。人生就是由这样一种惯性趋势操纵着，我们用什么样的态度对待工作，这种惯性趋势就会像滚雪球似的，越滚越大。只要我们养成工作的习惯，我们就会拥有越来越多的可供奉献、造福社会的资本。

只有工作才能造就人格上的高贵，同时也造就了事业上的高贵。你种下什么，收获的就是什么。孟子曰："穷则独善其身，达则兼济天下。"因为我们的工作，为他人造就了幸福和快乐，而这种幸福和快乐，最终也会降临到我们自己身上。

播种一个善行，你会收到一个善果；播种一个恶行，你会收到一个恶果。

让我们在工作中提高智慧，增长才干，完善性格，创造美好的人生。

工作的艺术也是做人的艺术。

作　者

2004年10月于北京

目　录

第一章

忠诚

老板愿意为忠诚者加薪

对老板忠诚,对公司忠诚

那些忠诚于老板,忠诚于企业的员工,都是努力工作的员工，他们的忠诚会让他们达到一般人想象不到的高度。

忠诚是无价之宝。在这个世界上，并不缺乏有能力的人，那种既有能力又忠诚的人才是每一个企业企求的最理想的人才。

我们要与别人合作,一个基本前提就是要守信用。假如甲有管理才能,乙有一笔资金,有了这两个条件,两人就有合作的可能了。但是两人未必就能合作成功,还必须有一个信任关系。比如甲拿了钱,得让乙相信他不会挪作他用,更不会逃之夭夭。

守信之人,别人就愿意与他合作。有一个美国孩子,他父亲去世时留下了一堆债务。若按常规,欠债人已去,把他的商品拍卖分掉,债务差不多也就算了。但是这个孩子一一拜访债主,希望他们宽限自己,并保证将父亲留下的债务分文不少地还掉。后来这个孩子果然历20年之功,把父亲留下的债务,连本带息,分文不落地全还了。周围的人都非常感动,知道他是一个可靠之人,也就都非常愿意和他做生意。结果这个孩子不但获取了别人的合作,也赢得了他人的尊敬。

与人合作，守信是第一大原则。守信，会使人对你产生敬意，也因之会使人愿意公平地与你合作。和一个不守信用的人合作，考虑到有失信的危险，人们通常会把合作的费用提高，以防万一。比如你是一个信用程度不是特别高的人，那你要代销别人的货物，一般是要先付款。但是如果别人知道你很讲信用，或者另一个商界同行出面说你非常可信，那么打交道的对方就可能很放心地让你把货先拉走，等卖完货后再付款。一个要占用大量资金，另一个几乎等于白手赚钱，这中间的出入，就是信用的价值。

当然，有人会说，在商场上，假定我守信用，而别人却不守信用，结果不与我也不守信用一样吗？

有这种担心的人会这样打比方。比方说，我(甲方)预订了5瓶牛奶。我若守信，预付了两元钱，而对方(乙方)不守信，我岂不吃了亏！双方合作的可能岂不消失了吗？反过来说，我预订了5瓶牛奶，但我不付钱。那么，对方如果守信，我就赚了5瓶牛奶。对方如果不守信，我也一分没赔。

当然，最佳结果是乙方交了牛奶，甲方付了费。但是由于存在着风险，甲方优先选择的是订牛奶而不付费，乙方优先选择的是收费而不交牛奶。若二人同时做出最优选择，合作就不再可能。假如一方，比如甲方先让一步，选择了交费，而乙方则选择了收费而不交牛奶，这一次合作就宣告失败。第二次若再想合作，难度就会加大。反之，结果也是一样。

从一次或数次合作的情况看，双方显然都倾向于不合作，但是事实上，只要让合作的事件多次发生，人们就会发现,甲乙双方早晚都会趋向于寻找一个合作点,即甲方付费而乙方交货。

人们都还是愿意合作的。从理智上分析,每个人都在算计着自己的利益,最佳的选择是背信弃义,随时见好就收。但是这样一来,人与人之间合作不成了,这种最佳选择就成了短视。所以人们实际上总是选择恪守诺言而不选择背信弃义。理智的算计和生活的实际之间存在着一个差异,这个差异,理论上不能完全充分地解释。

美国科学家发现,理论上,无论经过多少次博弈,人类行为合作的概率与不合作的概率总是近似相等的。但他们通过实际调查却发现, 一旦有了一次或数次进行合作的良好记录,在后来的博弈过程中,参与合作的双方总会依靠经验来主动寻找善于合作的伙伴。

曾经帮助过你的人,你会把他牢记在心里。再一次见面时,你会一下子认出他。你和他之间再次合作的可能性就非常大。擦肩而过的人,你和他之间没有任何瓜葛,过去了就过去了,就是再次打照面,也会谁也认不出谁来。曾经背信弃义的人,你也会对他印象深刻,下次再见面时,你也会一下子认出他来。但是你是对他充满戒备和冷漠的,你们之间合作的可能性还不如你与陌生人之间合作的可能性更大。

坦诚认错也是诚信的重要表现。人不怕犯错误,怕的是犯了错误而不承认错误、不改正错误。

如果你死撑着,死不认错,所引起的后果将是十分消极的,起码你的同事、你的上司就会轻视你。因为你犯了错误,如果那错误很小，也没有造成较大的损失，而你为了你自己的所谓“面子”而不承认，你的同事、你的上司就会认为你连这么一个小问题都不敢承担，如何能做出大事情。如果你犯的错误很严重，造成的损失巨大，公司或单位应该是人人皆知，而你这时候如果再不承认自己的错误，甚至一味地搪塞、狡辩，就有了一点“此地无银三百两”的味道。尽管你狡辩的能力很强，能把稻草说成金条，把黑的说成白的，但这个时候你这种“超强”的狡辩能力只会让你越抹越黑，引起别人的反感，你的同事更会认为你一点责任心也没有，而你的上级恐怕也会因此而不信任你。

古人说，两害相权取其轻。你自己要好好权衡比较一下两者的轻重，看到底选择哪一个更好一些。

其实，上升到成功人生的角度来看，犯了错误后承认错误，是为了不再犯错，取得更大的成功。再说了，坦诚地承认错误、承担责任，别人只会更加信任你、尊重你，而绝不会轻看你。

忠诚是人类最重要的美德。那些忠诚于老板、忠诚于企业的员工，都是努力工作、不找任何借口的员工。在本职工作之外，他们还积极地为公司献计献策，尽心尽力地做好每一件力所能及的事。而且，在危难时刻，这种忠诚会显现出它更大的价值。能与企业同舟共济的员工，他的忠诚会让他达到我们想象不到的高度。

恭敬不如从命

下级服从上级，是上下级之间保持正常工作关系的首要条件，也是上司观察和评价自己下属的一个尺度。

忠诚是一切社会规则存在的基石，更是企业赖以竞争的盾牌，因此，忠诚相对于其他品质来说，就显得至关重要，员工无论具有何种能力，都必须首先忠诚于上司，忠诚于企业。

对上司，服从是第一位的。下级服从上级，是上下级开展工作、保持正常工作关系的首要条件，是融洽相处的一种默契，也是上司观察和评价自己下属的一个尺度。

在一些公司里，经常碰到一些纪律观念不强、服从意识差的人。他们是上司最感头疼的“刺头”或“蒿草”。这些人或是一无所求，上进心不强，对上司吩咐的工作满不在乎；或是自以为怀才不遇，恃才傲物，无视上司。

人的生命，总是在满意与不满意、愿意与不愿意的无休止的交织中消磨、延续。满座笑语，独一人向隅而泣的滋味，几乎每人都品尝过。身临此境，也许你的忍耐比爆发更有效。暂时的忍耐后你可以巧妙地表示自己的不满，但绝不可让不满情绪爆发，要控制好自己。你以自己的宽广胸怀，坚持服从第一的原则是聪明之举。这样做,上司会心知肚明,知道你在情感上掩藏着极大的不满，但理智地执行了他的决定,他在下属心中的地位不问自知。对你的气度和胸怀,他也不得不佩服,甚至敬重之情油然而生。你暂时的忍耐比足赤真金还要昂贵。否则,顶撞上司,使自己与上司的关系在某个特定时段陷入紧张状态，进入不愉快的合作氛围之中。缓和、改善这种僵局所付出的代价可能比你当初忍辱负重的服从还要大出几倍甚或几十倍。“要知今日,何必当初”的感叹为时晚矣! 要知道,没有哪一个人会永远一帆风顺,所以无论是狂风暴雨还是艳阳高照,都应以平常心去对待,暂时的忍耐,巧妙的服从,也是一种人生策略。

服从也分善于服从、善于表现的问题。你认真地回想一下就会发现这样一个事实:在企业或公司里,同样都是服从上司、尊重上司，但每个人在上司心目中的位置却大不相同。为什么?这一问题的关键是你是否掌握了服从艺术。有的人肯动脑筋,对上司布置的任务在完成的过程中勤汇报、勤请示。古人说:好人出在嘴上。这样主动出击,经常能让上司满意地感受到他的命令已被圆满地执行,并且收获很大。相反，有的人却仅仅把上司的安排当成应付公事，被动应付,或我只要认真完成任务就可以了,不重视信息的反馈,甚至“先斩后奏”或“斩而不奏”,甘当无名英雄,结果往往是事倍功半。

为了表现自己的忠诚,员工应以主动服从为第一要义。在具体工作中应从以下几个方面有所表现:

(1)积极配合有明显缺陷的上司

我们所处的时代，是科学文化技术飞速发展的时代，有些上司原来文化基础较差，专业知识不精。这样的上司，在下属心目中的位置也就不高，越是这样，越对下属的反应敏感。你不妨借鉴他多年的管理经验，以你的智慧和才干去弥补其专业知识的不足，在服从其决定的同时，主动献计献策，既积极配合上司工作，表现出对上司的尊重与支持，又能施展自己的才华。英雄有了用武之地，成为上司的左膀右臂，上司不但会记住你，更会感激你。一份汗水，一份收获，何乐而不为呢?

(2)在服从中显示才智

上司非常重视那些才华出众的“专家”型下属人才。因此，他们服从与否，直接决定上司的决策执行水平和质量。所以，如果你真有水平，想发挥自己的聪明才智，就应该认真执行上司交办的任务，巧妙地弥补上司的失误，在服从中显示你不凡的才华，这样，你就获得了好于他人的优势。智慧加巧干，会使你成为上司心理天平上一枚沉甸甸的砝码。

(3)勇于承担任务

当上司交代的任务你执行起来确实有难度，其他同事又不愿承担时，你要有勇气出来承担。记得有位大学生临毕业应聘时去请教他的教授，教授给了他一件法宝，那就是同老总说：公司里没有人干的活尽管分给我。这个大学生半年后成了某公司的副总。

某企业单身职工姜某患病住进了医院，上司动员同事们去做经常性护理。大家面面相觑,无人表态,上司很尴尬。最后,有一位年轻的小伙子主动站出来,为上司解了燃眉之急。上司大为感动,会上表扬,私下感谢当然不在话下。可见,关键时刻服从一次,替上司分忧解愁,胜过平时服从10次,而且还会深深打动上司,使其记在心里。

(4)主动争取上司的认可

很多上司并不希望通过单纯的发号施令来推动下属开展工作。一位资深上司曾说过:请求上司的下属比顺从上司的下属更高一个层次,是一种变被动为主动的技巧,它不仅体现了下属的工作积极性、主动性,还增加了让上司认识自己的机会。这种工作方式已越来越为现代型的上司和下属所重视。

(5)关键地方多请示

聪明的下属善于在处理关键问题时向上司多请示、勤汇报,征求他的意见和看法,把上司的想法融入自己的计划中。关键处多请示是下属主动争取上司的好办法,也是下属做好工作的前提。

上司的职权主要是把握工作大局,掌握关键环节。许多企业领导层中不乏能力和精力超群的人,但即使这样,他们也不可能对管辖范围中的所有事情、所有地方都关注到。一些很有办法的领导者总是把自己从众多纷繁复杂的具体事务中解脱出来,专事宏观管理和控制关键环节。因而,这些地方成为领导者关注和敏感的区域。

许多人并不了解领导者的这种心理, 使自己的请示无的放矢，把握不住关键，凡事不论大小，都从不自己决定，统统推给领导者，给领导者增加了负担。

可见，凡事无论大小都向领导者请示并不是明智之举，领导者的主要精力用于管理大事和统领全局。无关紧要的事会让他产生权威性被降低的感觉。因而，请示的问题必须是关键的、有价值的，才能更好地使领导者感受和体会到自己权力的有效性和价值。

还有一些人喜欢自作主张，事无大小，只要领导者交给他办，就不用领导者再过问了，一切由他包揽。也有人害怕请示，总是想："我向上司请示问题，他会不会觉得我水平低、独立性差？"不请示害处更大，如果在关键处出了问题，下属肯定是吃不了兜着走；同时，上司也受到牵连，不能不承担责任，结果对大家都不利。

替老板负起责任

不管你在哪里工作，都别把自己当成员工——应该把公司看作自己开的一样。

如果你想取得像老板今天这样的成就,办法只有一个,那就是替老板负起责任。

与此恰恰相反,很多人认为,公司是老板的,我只是替别人工作。工作得再多、再出色,得好处的还是老板,于我何益?存有这种想法的人很容易成为“按钮”式的员工,天天按部就班地工作,缺乏活力,有的甚至趁老板不在时没完没了地打私人电话或无所事事地遐想。这种想法和做法无异于在浪费自己的生命和自毁前程。

很多老板都对在同一地方工作超过3年的人感到不信任——他们视这种情况为怠惰或缺乏野心的标志。

英特尔总裁安迪·葛洛夫应邀对加州大学伯克利分校毕业生发表演讲的时候，提出以下的建议:“不管你在哪里工作，都别把自己当成员工——应该把公司看作自己开的一样。”事业生涯除了自己之外,全天下没有人可以掌控,这是你自己的事业。

怎样才能够把自己当作公司老板的想法表现于行动呢?那就是要比老板更积极主动地工作,对自己所作所为的结果负起责任，并且持续不断地寻找解决问题的办法。照这样坚持下去，你的表现便能达到崭新的境界。

不要认为老板整天只是打打电话，喝喝咖啡而已。实际上，他们只要清醒着，头脑中就会思考着公司的行动方向。一天十几个小时的工作时间并不少见，所以不要吝惜自己的私人时间，一到下班时间就率先冲出去的员工不会得到老板的喜欢。即使你的付出得不到什么回报，也不要斤斤计较。除了自己分内的工作之外，尽量找机会为公司做出更大的贡献，让公司觉得你物超所值。比如：下班之后还继续在工作岗位上努力，尽力寻找机会体现自己的价值，尽量彰显自己的重要性，使自己不在工作岗位上的时候，公司的运作显得很难进行。

任何工作都存在改进的可能，抢先在老板提出问题之前，已经把答案奉上的行动是最深得老板之心的，因为只有这样的职员才真正能减轻老板的精神负担，他就不用再为这类工作占用大脑空间，可以腾出来思考别的事情了。

事实上，能够做到这一点的人并不多。

为此，要成为老板的心腹，即使不能每一次都比老板反应得快，但最低限度要有一半以上的次数不要让他比下去。老板在知道你不是他的对手时，就很自然地会对你信任起来，此所谓“识英雄者重英雄”，再棒的老板都需要有人才在身边。

老板成功的原因就是一步步积累，从不满足。如果你想比他更出色，就应该时刻警告自己不要躺在安逸床上睡懒觉,让自己每天都站在别人无法企及的位置上,这样机会很快会垂青于你。

能够做到负起老板责任的员工并不多，如果你能成为其中一员,当然会有很大的收获。

即便替上司背黑锅也无妨

企业需要忠诚的员工，上司需要忠诚的下属，忠诚往往能得到上司意外的奖赏。

员工最好的德行莫过于“效忠”。不忠的人留在上司身边，犹如养虎，这种利害关系是不利于工作顺利开展的。

“忠”就是下级表现自己对上司的忠心。何谓忠心，其实它就是指“忠贞不二”，始终保持对自己的直接上司的支持。而表现你的忠心的最好办法就是在上司处于尴尬境地时能够挺身而出，不惜牺牲自己的利益。

有些时候，由于上司处置不当或了解不深会引起一定的不良后果，受到多方责难。这时，要让上司做到敢于自我批评是有一定难度的，因为这无疑会降低他的权威。如果你想让上司感受到你的忠心，就不妨在此时把责任承担下来，替上司代为受过。一方面，上司会因为你的“忠心保国”之举而心存感激；另一方面，他也会利用自己的有利地位来保护你，为你开脱，这样，你便可用短期的损失来获得上司长久的信任。

自然，承担过失是要审时度势的，首先你应考虑到这种“背黑锅”会不会给自己的事业带来永久损失，成为你终身的一个污点；其次你应考虑到这个“黑锅”是不是你能背得动的。如果这两个问题你不能很好地解决，你便不能去冒险,否则便成了别人的“牺牲品”和“替罪羊”。要知道,上司也总是从自身利益最大化的角度来处理和对待各种问题的,如果你不能做到“舍小取大”,你的忠诚便是盲目的,是“愚忠”的。

忠心是一切员工都应遵循的基本原则。

企业需要忠诚的员工,上司需要忠诚的下属,忠诚往往能得到上司意外的奖赏。

有位专家将员工不忠心的表现概括为五个方面:

①不甘寂寞,频繁调动。

②缺乏主动,责任心差。

③多种兼职,副业为主。

④多吃多占,损公肥私。

⑤出卖情报,收受回扣。

《财富》的专栏作家托马斯·A.斯蒂文说过:决定一个顾客是忠心还是背叛的因素都是由他在你公司的一系列遭遇的总和构成的。有关研究发现,员工对工作和公司的态度是导致员工在顾客面前表现如何的两个重要因素。而员工对顾客的所作所为又导致了顾客是否再次惠顾和是否向其他人推荐产品的可能性。这两个因素也决定着公司财务状况的好坏。如果你拥有忠诚的员工,那你也就得到了顾客的忠诚。

在这里,艾科公司的忠诚奖励制度值得借鉴。

艾科公司非常重视员工的忠诚度。通常,公司是通过多种方式奖励对公司的忠诚者,如在公司刊物上表彰,发放节日纪念品,增加薪酬等。在艾科公司,已经为公司服务了二三十年的员工比比皆是。艾科公司要求员工有优秀的工作表现,对于公司的工作要求和业绩发展都有明显的贡献。

作为一个员工,抱持忠诚的心态真的很重要,在企业工作,就要忠诚于这个企业;为上司工作,就要忠诚于上司。这对于员工来说,是最需要具备的品质。

以老板的心态对待公司

如果你是老板，一定会希望员工能和自己一样，将公司发展当成自己的事业。因此，当你的老板向你提出这样的要求时，请不要拒绝他。

绝大多数人都必须在一个社会机构中奠基自己的事业生涯。只要你还是某一机构中的一员，就应当抛开任何借口，投入自己的忠诚和责任。一荣俱荣，一损俱损！将身心彻底融入公司，尽职尽责，处处为公司着想，对投资人承担风险的勇气报以钦佩，理解管理者的压力，那么任何一个老板都会视你为公司的支柱。

有人曾说过，一个人应该永远同时从事两件工作：一件是目前所从事的工作；另一件则是真正想做的工作。如果你能将该做的工作做得和想做的工作一样认真，那么你一定会成功，因为你在为未来做准备，你正在学习一些足以超越目前职位，甚至成为老板或老板的老板的技巧。当时机成熟时，你已准备就绪了。

当你精熟了某一项工作后，别陶醉于一时的成就，赶快想一想未来，想一想现在所做的事有没有改进的余地，这些都能使你在未来取得更长足的进步。尽管有些问题属于老板考虑的范畴，但是如果你考虑了，说明你正朝向老板的位置迈进。

如果你是老板，你对自己今天所做的工作完全满意吗？别人对你的看法也许并不重要，真正重要的是你对自己的看法。回顾一天的工作，扪心自问一下："我是否付出了全部精力和智慧？"

如果你是老板，一定会希望员工能和自己一样，将公司发展当成自己的事业，更加努力，更加勤奋，更积极主动。因此，当你的老板向你提出这样的要求时，请不要拒绝他。

以老板的心态对待公司，你就会成为一个值得信赖的人，一个老板乐于雇用的人，一个可能成为老板得力助手的人。更重要的是，你能心安理得地沉稳入眠，因为你清楚自己已全力以赴，已完成了自己所设定的目标。

一个将企业视为己有并尽职尽责完成工作的人，终将会拥有自己的事业。许多管理制度健全的公司，正在创造机会使员工成为公司的股东。因为人们发现，当员工成为企业所有者时，他们表现得更加忠诚，更具创造力，也会更加努力工作。

以老板的心态对待公司，为公司节省花费，公司也会相应给你报酬。奖励可能不是今天、下星期甚至明年就会兑现的，但它一定会来，只不过表现的方式不同而已。当你养成习惯，将公司的资产视为自己的财产一样爱护，你的老板和同事都会看在眼里。

然而在今天这种狂热而高度竞争的经济环境下，你可能感慨自己的付出与受到的肯定和获得的报酬并不成比例。下一次,当你感到工作过度却得不到理想工资、未能获得上司赏识时,记得提醒自己:你是在自己的公司里为自己做事,你的产品就是你自己。

假设你是老板,试想一想你自己是那种你喜欢雇用的员工吗?当你正考虑一项困难的决策,或者你正思考着如何避免一份讨厌的差事时反问自己:如果这是我自己的公司,我会如何处理?如果你所采取的行动与你身为员工时所做的完全相同的话,你已经具有处理更重要事务的能力了,那么你很快就会成为老板。

忠诚是呈给老板的信物

其实，缺乏忠诚度，频繁地跳槽对员工本人的伤害更深。无论是个人资源的积累，还是所养成的“这山望着那山高”的习惯，都会使员工价值有所降低。

如果说，智慧和勤奋像金子一样珍贵的话，那么还有一种东西更为珍贵，那就是忠诚。忠诚于公司，从某种意义上讲，就是忠诚于自己的事业。忠诚体现在工作主动、责任心强，细致周到地体察老板和上司的意图上。忠诚还有一个最重要的特征，就是不以此作为寻求回报的筹码。

下级对上级的忠诚可以增强老板的成就感和自信心，可以增强集体的凝聚力，使公司更兴旺发达。因此，许多老板在用人时，既要考察其能力，更看重其个人品质，而个人品质最关键的就是忠诚度。一个忠诚的人十分难得，一个既忠诚又有能力的人更是难求。忠诚的人无论能力大小，老板都会给予重用，这样的人走到哪里都有条条大路向他敞开。相反，能力再强，如果缺乏忠诚，也往往会被人拒之门外。毕竟在人生事业中，需要用智慧来作出决策的大事很少，需要用行动来落实的小事甚多。少数人靠的是智慧加机遇，而多数人却要靠忠诚加勤奋。

当今社会忠诚已经变得越来越稀缺了。许多公司花费了大量资源对员工进行培训，然而当他们积累了一定的工作经验后,往往一走了之,有些甚至不辞而别。那些留在公司的员工则整天抱怨公司和老板无法提供良好的工作环境,将所有责任全部归咎于老板。但是,实际上,在管理机制良好的公司,跳槽现象也频繁发生,员工同样也不安分。因此,不得不使我们将视线转移到员工本身的心态上来。结果发现,大多数情况下,跳槽并非公司和老板的责任,更多在于员工对于自身目标以及现状缺乏正确的认识。他们过高估计了自身的实力，以及对那些向他们频频挥手的公司抱有过高的期望。

当这种风气蔓延到整个商业领域时，许多具有一定忠诚度的员工也受到传染而投入跳槽大军中，使整个职业环境不断恶化。

缺乏忠诚度,频繁地跳槽直接受到损害的是企业,但从更深层次的角度看,对员工的伤害更深。无论是个人资源的积累,还是所养成的“这山望着那山高”的习惯,都会使员工价值有所降低。这些人对自己的内心需求没有认真地进行反思,对自己奋斗的目标没有清晰的认识,自然无法选择自己的发展方向。

人一生恐怕要走几条路,才能实现自己的目标。从职业的角度看,难免要调换几种工作。但是这种转换必须依托于整体的人生规划。盲目跳槽，虽然在新公司收入能有所增加,但是,一旦养成了这种习惯,跳槽不再是目的,而成为一种习惯。

著名银行家克拉斯年轻时也不断在变动工作，但是他始终抱有一种理想——想管理一家大银行。他曾经做过交易所的职员、木料公司的统计员、簿记员、折扣计算员、出纳员、收银员等，试了一样又一样，最后才接近自己的目标。

他说："一个人可以有几条不同路径到达自己的目的地。如果能在一个机构里学到自己所需的一切学识和经验当然很好，但大多数情况下需要经常变换自己的工作环境。面对这种情况，我认为他必须懂得自己想做什么，为什么要这样做。

"如果我换工作仅仅是为了每周多赚几块钱，恐怕我的将来早为现在而牺牲了……我之所以换工作，完全是因为现在的公司和老板无法再给我带来更多的教益了。"

"此处不留爷，自有留爷处。"人们在跳槽时如此潇洒，但是真正面对工作时又是如此无奈。一个频繁转换工作的人，在经历了多次跳槽后，发现自己不知不觉中形成了一种习惯：工作中遇到困难想跳槽；人际关系紧张想跳槽；看见好工作（无非是多挣几个钱）想跳槽；有时甚至莫名其妙地就是想跳槽，总觉得下一个工作才是最好的，似乎一切问题都可以用转移阵地来解决。这种感觉使人常常产生跳槽的冲动，甚至完全不负责任地一走了之。

久而久之，自己不再勇于面对现实、积极主动克服困难了，而是在一些冠冕堂皇的理由下回避、退缩。这些理由无非是不符合自己的兴趣爱好啦，老板不重视啦，命运不济啦,怀才不遇啦,别人不理解啦等,幻想着跳到一个新的单位后所有问题都迎刃而解了。

现在有些年轻人丧失了成就事业最宝贵的忠诚和敬业精神,变得心浮气躁,凡事浅尝辄止,遇难而退,这山望着那山高,空有远大理想,无心执着追求。此可谓个人之悲,国家之悲,社会之悲!

莫泄露公司的机密

不论你的工作绩效如何，保密是公司希望我们能做到的一项基本责任。

相信大家都有为别人保守秘密的时候。作为公司职员，应该知道，有些秘密可能涉及公司的商机，有些秘密可能涉及个人的隐私，只要是秘密，往往不会希望太多人知道，尤其是在职场如战场的办公室！

实际上，在办公室里，总要有一些秘密存在，尤其是在如今这般复杂的环境之中，不论这关乎商业机密、同事恋情或是企业变革，只要你属于公司的一员，你都有职责替公司保密！保密责任还带有一些道德情操在内，特别是保守商业机密，更属于职业道德的范畴。

我们在应征一份工作时，资方通常会要求我们签署一份合约，合约内容中一定会有一条是要求我们不得泄露公司机密。由此可知，不论你的工作绩效如何，保密是公司希望我们能做到的一项基本责任。毕竟许多机密关乎公司发展前景，有规模的公司竞争对手也多，对手一定希望能多知道公司内部的一些情况，以期寻找进攻的路径或改进其竞争的策略。不过身为公司的职员，我们有义务维护公司权益，毕竟如果让对手知道公司的一切，那我们有何竞争优势可言？公司没搞头，那我们的前途岂不也跟着葬送了吗？

所以，我们一定要培养一种职业习惯，不随便在朋友或亲人面前透露公司的商业机密，这也是身为员工的一项基本操守。

第二章

敬业

只有敬业才能立业

工作是我们要用生命去做的事

工作是上天赋予的使命。把自己喜欢的并且乐在其中的事情当成使命来做，就能发掘出自己特有的能力。

工作是我们要用生命去做的事。你在这个世界上将找到什么样的工作？你的工作成果将是什么？从根本上说，这不是一个关于干什么事和得什么报酬的问题，而是一个关乎生命的问题。工作就是付出努力。正是为了成就什么或获得什么，我们才要专注，并在那个方面付出精力。就这个本质而言，工作不是我们为了谋生才做的事，而是我们要用生命去做的事。

工作是我们要用生命去做的事。工作是上天赋予的使命。把自己喜欢的并且乐在其中的事情当成使命来做，就能发掘出自己特有的能力。其中最重要的是能保持一种积极的心态，即使是辛苦枯燥的工作，也能从中感受到价值，在你完成使命的同时，会发现成功之芽正在萌发。如果年轻的厨师想早日使自己的手艺精湛，仅仅想着“我要做美味的料理”就以为能实现心愿，那简直是天方夜谭！如果不只是“要做美味的料理”，而是抱持“做美味的料理是上天赐予我的最完美的工作”的念头，做料理的手艺就能进步。为什么呢？

因为如果这样想的话，做菜这件事就会变成一件愉快的事情了。

工作是我们要用生命去做的事。即使是拥有相同条件的经营者，一个抱持着“个人利益最大化”思想的人与一个“工作是上天赋予我的使命，完成使命关系着人类幸福”思想的人，两者所得到的结果将是完全不同的。如果能想着“工作是最完美的使命”或“完成这个工作是我的使命”的话，就不会产生工作是公司委派的任务或因为上司的命令才行动这样的情绪。事情可以做好，也可以做坏；可以高高兴兴和骄傲地做，也可以愁眉苦脸和厌恶地做。如何去做，这完全在于我们，这是一个选择的问题。以下这句话也许是古代罗马斯多葛派哲学家们提供给人类的最伟大的见解：没有卑微的工作，只有卑微的工作态度，而我们的工作态度完全取决于我们自己。

工作是我们要用生命去做的事。一个人所做的工作，就是他人生的部分表现。而从事的职业，就是他志向的表现、理想的所在。所以，了解一个人的工作，在某种程度上就是了解其本人。如果一个人轻视他自己的工作，而且做得很粗陋，那么他绝不会尊重自己。如果一个人认为他的工作辛苦、烦闷，那么他的工作绝不会做好，这一工作也无法发挥他内在的特长。在社会上，有许多人不尊重自己的工作，不把自己的工作看成创造事业的要素和发展人格的工具，而视为衣食住行的供给者，认为工作是生活的代价、是不可避免的劳碌，这是多么错误的观念啊！常常抱怨工作的人，终其一生，绝不会有真正的成功。抱怨和推诿，其实是懦弱的自白。

工作是我们要用生命去做的事。最令人满意的工作是能充分表现自己的才能和性格的行为。要看一个人能否达成自己成功的心愿，只要看他工作时的精神和态度就可以了。如果某人做事的时候，感到受了束缚，感到所做的工作劳碌辛苦，没有任何趣味可言，那么他决不会做出伟大的成就。一个人的工作，是他亲手制成的雕像，是美丽还是丑恶，可爱还是可憎，都是由他一手造成的。而一个人的一举一动，无论是写一封信，出售一件货物，或是一个电话，都在说明雕像或美或丑，或可爱或可憎。

工作是我们要用生命去做的事。不论做何事，务须竭尽全力，这种精神的有无可以决定一个人日后事业上的成功与失败。一个人工作时，如果能以生生不息的精神、火焰般的热忱，充分发挥自己的特长，那么不论所做的工作怎样，都不会觉得劳苦。如果能以充分的热忱去做最平凡的工作，也能成为最精巧的工人；如果以冷淡的态度去做最高尚的工作，也不过是个平庸的工匠。倘若能处处以主动、努力的精神去工作，那么即使从事最平庸的职业，也能增加你的威望和财富。

工作是我们要用生命去做的事。不管你的工作看起来是怎样的卑微，你都应当付之以艺术家的精神，应当有十二分的热忱。在任何情形之下，都不应对自己的工作表示厌恶。厌恶自己的工作，最终也会遭到工作的厌弃。如果你为环境所迫而做一些乏味的工作，你也应当设法从这些乏味的工作中找出乐趣来。要懂得，凡是应当做而又必须做的事情，总能找出它的乐趣，这是我们对于工作应抱持的态度。有了这种态度，无论做什么工作，都能有很好的成效。

敬业是第一要务

表面上看你是在为老板工作，但长期看来，你为的还是你自己，因此你应该对工作兢兢业业。

一个人的事业心在很大程度上能显示出他是否有担负更大责任的可能。

你是否能经营自己的强项，与敬业精神密不可分。

如果你已经选择好自己喜欢的工作，并且意识到工作是人格的表现，你也不想让人看轻，那么你就要有一种敬业精神，这样才能将自己的工作做得更好。表面上看你是在为老板工作，但长期看来，你为的还是你自己，因此你应该对工作兢兢业业。

这些年，在我们社会的年轻人中，有一个词极为流行：没劲！

尽管我们不能就此判定说这话的人肯定做任何事情都“没劲”，但这的确代表了一种情绪，一种不好的情绪。因为这个词中没精打采的意味是很浓的，而这种意味对于任何一个渴望成功的人来说都可能是致命的。

这绝不是在危言耸听！因为一个人的事业心折射出他的人生态度，而人生态度决定了这个人一生的工作成就。

一个对工作热忱、积极的人，无论他眼下是在挖土方，或者是在搞推销，都会认为自己的工作是一项神圣的天职，并怀着浓厚的兴趣。对自己的工作热忱的人，不论他的工作会遇到多少困难，或者需要多少努力，他都会用不急不躁的态度去进行。只要你抱持这种态度，就一定会成功，一定会达到你人生的目标。

有一个故事中提到了三个砌砖工人的事业心，这个故事对于我们很有意义。

有人问三个砌砖工人说："你们在做什么？"第一个工人说："砌砖。"第二个工人则说："我正在做一项每小时9美元的工作。"第三个工人却说："你问我啊，我可以老实告诉你，我正在建造世界上最大的教堂。"

这个故事虽然没有告诉我们那三个砌砖工人后来的际遇，但我们不妨想像一下他们三位的结果。最可能的结果是：前两位继续在砌着他们的砖，因为他们没有远见，不重视自己的工作，不会去追求更大的成就；但那位认为自己在建造世界上最大的教堂的工人则不一样了，他一定不会永远是个砌砖的工人，也许他已经变成了工头或者承包商，甚至变成了很有名气的建筑设计师，而且他还会继续向上发展。因为他善于思考，他当时的说法已经明显地表现出他想更上一层楼。

一个人的事业心在很大的程度上能显示出他是否有担负更大责任的可能。

有一家职业介绍所的工作人员曾经这样说："我们在分

析应征者能不能适合某项工作时，经常要考虑他对目前工作的态度。如果他认为自己目前的工作很重要，我们就会留下很深的印象，即使他对目前的工作不满也没有关系。

"为什么呢？这个道理很简单，如果他认为他目前的工作很重要，他对下一项工作也可能抱着'我以工作成就为荣'的态度。我们发现，一个人的事业心跟他的工作效率确实有很密切的关系。"

就像你的仪表一样，你的事业心，也会对你的老板、同事、部属以及你所接触的每一个人表现出你的内心世界，你的价值取向。

这也就是说，你认为你怎样你就会怎样。因为你的思想不知不觉会使你变成你所想的那样，你对工作没有热情，表现得很消极，那你就不可能在工作上取得任何成就。如果你认为你的条件不足，会失败，是二流货色，等等，这些想法会注定使你平平庸庸地度过一辈子。

反过来，你如果认为自己很重要，有足够的条件，是第一流的人才，自己的工作也确实很重要，那么你很快就会迈上成功之路。

事业心不断地把信息传给大脑的神经系统，造成期望的结果。所以，如果你相信自己能成功，事业心就会不断地鼓舞你去实现；如果你相信会失败，事业心也会让你经历失败。

在我们的生活中，有些人就是为自己的事业心所打倒。他们会不断地说："我无法获得另一种较好的工作""我无法赚到更多的钱”“我肯定会失败”“整个社会都在和我作对一般”“我的老板从来就没有看重过我”“我的老板压根儿就没把我当回事儿”，等等。剥去笼罩在语言外壳的迷雾，这种心理状态我们可以将其概括为一句话：“我命里注定了要失败。”

其实，冷静地想一想，有这种心理的人，都有一种极其不利于自我成功的自我意识。他们认为自身的力量非常渺小，无法改变自己面对的世界，因而也无法透彻地看清他们自己。

真的，世界上没有任何力量能够像事业心这样，对我们的影响如此巨大。人类的历史，从根本上说就是事业心的历史。像哥白尼、哥伦布、爱迪生、爱因斯坦等人，他们何尝不是改变了历史、也改变了我们事业心的人。如果你想改变自己，那就要首先从改变事业心开始；如果你想效法伟人，那就首先要效法他们成功的事业心。

而你眼下要做的，就是首先改变“我命里注定会失败”的这种消极事业心。这里给你提供几种对你可能有用的方法：

跟自己的心灵交谈时，保持一种积极的态度。哲学家爱默生在谈到有关个人的种种问题时说：“一个人往往会在不经意中将自己的种种创意抛弃掉；只因为这些创意是属于自己的，就不那么刻意地珍惜它了。”

具有敬业精神，或许不能立即为你带来可观的好处，但可以肯定的是，如果你养成了一种“不敬业”的不良习惯，你的成就会相当有限，你的那种散漫、马虎、不负责任的做事态度已深入你的潜意识，导致你做任何工作都是“随便做一做”，结果不问自知。

工作就是事业

这个世界愿对一件事情赠予大奖，包
括金钱与荣誉，那就是“把工作当做事业”。

工作中那些能干又肯干的人百分之百都是把工作当做事业的人。

通常，我们会看到，有不少员工每天都在重复着与以往差不多相同的生活：已经上班一小时了，似乎也想干点正事儿，干正事儿以前先是跟同事聊聊昨晚上看的电视连续剧，然后泡上一杯茶，第一道茶照例是不能喝的，那叫乞丐茶，有身份的人得从第二道喝起；再然后可能就去削铅笔了，红的蓝的黑的都要准备齐全，否则用的时候再削难免又要手忙脚乱；削好铅笔，可能又想起今天的报纸还没有看，上面连载的《女影星碎尸案》已是50多期了，丢下一期心里总觉得不舒服；之后，清理了一阵子桌面，擦擦洗洗，又过去了十多分钟。这时候，一看表，离下班没多长时间了，赶紧收拾收拾准备下班吧！

在我们的社会中，像这样工作和生活的人为数不少。这样的人永远也出不了头；换句话说，就是永无出头之日！因为这种人从来不主动地去做一件正事，他们缺少的就是把工作当做事业。

有人说过，把工作当做事业是一种极为难得的美德，它能驱使一个人在不被吩咐应该去做什么事之前，就能主动地去做应该做的事情。

也有人对把工作当做事业做了如下的说明：

这个世界愿对一件事情赠予大奖，包括金钱与荣誉，那就是“把工作当做事业”。

什么是把工作当做事业呢？我告诉你，那就是主动去做应该做的事情。

仅次于主动去做应该做的事情的，就是当有人告诉你怎么去做时，要立刻去做。

更次等的人，只有在被人从后面踢时，才会去做他应该做的事，这种人大半辈子都在辛苦工作，却又抱怨运气不佳。

最后还有更糟的一种人，这种人根本不会去做应该做的事，即使有人跑过来向他示范怎样做，并留下来陪着他做，他也不会去做。他大部分时间都在失业中，因此，易遭人轻视，除非他有位有钱的老爸。但如果是这个情形，命运之神也会拿着一根大木棍躲在街头拐角处，耐心等待着他。

你属于上面的哪一种人呢？可以对号入座。

主动本身就是一种特殊行动，它是没有人要你去做什么，你就自动自发做好的美德。那些积极主动的人，无论在哪一行都很吃香，而且能很快进入高层次的行列。

你如果想成为一个具备把工作当做事业的人，想很快地进入高层次的行列，你就必须克服拖拉的习惯，把它从你的个性中除掉。这种把你应该在上星期、去年甚至几年前就要做的事情拖到明天去做的习惯，正在啃噬着你意志中最重要的部分，除非你革除了这个坏习惯，否则你将难以取得任何成就。

聪明人每天有明确的工作目标，而且不必等待别人指示就要能够主动地去完成。

把爱心献给工作

为何要爱你眼下的工作，我们站在老板的角度想一想，你挣人家的钱，拿人家的薪水，就得给人家做事情，给人家有个交代。这是做一个人最起码的原则。

把爱心献给工作，本来你觉得乏味无比的事情会变得妙趣横生。这正是工作的本质所在。

你很不喜欢你眼下的工作，你从工作中得不到丝毫的乐趣，也毫无创造性可言。

“简直烦透了！”你这样说。

但你要记住，这并不是老板或单位的错。

老板没有逼着你来他的公司上班，老板也没有强迫你在他的手下吃饭。当初，是你主动应聘到了这家公司；或者，是你托了关系好不容易才挤进了这家单位。你的历史，是你自己写成的。

老板待你很刻薄，老板压根儿就没把你当人才看。那么，你就炒他的鱿鱼好啦！

如果你不想炒他的鱿鱼，就说明他可能还没你说得那么可怕，那么，需要改变的是你自己。

具体的做法就是：爱你眼下的工作！

无论你眼下从事什么工作,无论你是老板还是员工、厂长或员工、医生或护士、教师或学生、主妇或钟点工,你都应该乐于工作,爱你眼下的工作。

好好想想办法,好好琢磨琢磨,那么,原本你厌烦做的事,做起来就会变得愉快,当然这本身就是一项工作。而且,一旦心情愉快起来,你就会全身心投入。

为何要爱你眼下的工作,我们站在老板的角度想一想,你挣人家的钱,拿人家的薪水,就得给人家做事情,给人家有个交代。这是做一个人最起码的原则,也是良心与道德的问题。否则,不好好做事,还要从公司或单位拿钱领薪水,如果你是老板,你做何感想?再从自己的角度想一想,如果你真的想做一个成功者,那就应该把眼下的工作当做自己的事业,应该有一种使命感。你可能还会说你的志向远大,要做轰轰烈烈的事情,而不是做这些具体、琐碎的事情。如果连这些琐碎、具体的事情都做不好,你怎么可能做轰轰烈烈的大事情?一屋不扫,又何以扫天下?

在我们的社会中,有很多涉世未久的年轻人都会有这样的想法:我做事情,钱是老板挣。其实,这是再正常不过的事情。老板所以要聘用你,就是要让你做事情,如果不做事,他聘你何用?换个角度想一想,老板如果不赚钱,你还能赚钱吗?还有的人会这样想:反正我就是一个打工的,给人家干活,能混一天算一天,公司倒闭了我一走了之。抱着这种想法的人,可能没有想过,混来混去,耽误的是你自己。所以,这种心态绝不是一种积极的心态,而是一种不健康的心理。再说了，你混了今天，混了今年，就算你混了明年，后年你还能混吗？你的老板难道是个慈善家？你的结果恐怕只能是一个，那就是“今天工作不努力，明天努力找工作”！

真正爱自己眼下工作的人，即使是给老板打工，他也会认真地做好每一件事情。表面上看，似乎“便宜”了老板，其实真正受益的是他自己，他可以在给别人打工时积累到更多的经验，这些经验会成为他日后成功的基础。而且，他也不会嫌弃眼下的工作琐碎、具体，小事情正是大事业的基础。所以，爱自己眼下工作的人，日后无论从事什么行业，都比别人更容易成功，因为他的心态是积极的、健康的。

只有爱自己的工作，才会善于挖掘工作中的门道。

每一份工作都有自己的规律，自己的门道。我们常常对自己的工作没有兴趣的主要原因在于我们没有真正掌握这份工作的规律，摸不着它的门道，通俗地说，就是还没有“入行”。

人在工作中，入不了行，是一件相当痛苦的事情。也许你听过“8:2”的说法，就是说在每一个行业之中，八成的利润是握在两成人的手中，而其余八成的人分吃剩下的那两杯羹。这种说法可能稍微夸张了些，但是入了行的人做起来的确要得心应手得多，自然从这份工作中所获得的东西也就多了。

要想入行，就得安下心来做这份工作。古语说：“静而后能安，安而后能虑，虑而后能得”，说的就是这个道理。当你安心于这份工作时，自然就很投入地去琢磨怎么能把工作做得更好，怎么能让自己成为那两成的人，从而虚心地向前辈们请教，总结自己的经验教训，时间久了，工作起来自然游刃有余。

如果你还不想炒老板或单位的鱿鱼，也不想让老板或单位炒你的鱿鱼，那就爱你眼下的工作吧！

主动工作就是自我创造

那些成大事者和平庸者之间最大的区别就在于，成大事者总是自动自发地去工作,而且愿意为自己所做的一切承担责任。

员工成功的原因是自动自发地工作，失败的原因是被动地接受工作。

“我钦佩的是那些不论老板是否在办公室都会努力工作的人,这种人永远不会被解雇,也永远不必为了加薪而罢工。”阿尔伯特在《致加西亚的信》一文中如此写道,在这里我们依旧要强调这一点。

如果只在别人注意你的时候你才有好的表现，你将永远也达不到成功的巅峰。你应该为自己设定最严格的标准，而不应该由别人来要求你。

如果老板对你的期许还没有你自己的期许高的话,你将永远也不可能被辞掉,反而,这只会使你离晋升的日子越来越近。

成功是一种努力的积累,那些一夜成名的人,其实,在他们获得成功之前,已经默默地奋斗了很长时间。任何人，要想获取成功都要长时间的努力和奋斗。

要想获得最高的成就，你必须永远保持主动率先的精神，哪怕你面对的是多么令你感到无趣的工作，这么做都能让你获取最高的成就。自动自觉地工作吧！这样一种工作习惯可以使你成为领导者和老板。那些获取了成功的人，正是由于他们用行动证明了自己敢于承担责任而让人百倍信赖。

那些成大事者和平庸的人之间最大的区别就在于，成大事者总是自动自发地去工作，而且愿意为自己所做的一切承担责任。要想获得成功，你就必须敢于对自己的行为负责，没有人会给你成功的动力，同样也没有人可以阻挠你实现成功的愿望。

下面是马布里的自述：

“像无数的美国年轻人一样，我在青少年时期和上大学时做过许多的工作。修理过自行车，卖过词典，做过家教、书店收银员、出纳。大学期间，为了换取学费，我还给别人打扫过院子，整理过房间和船舱。

“由于这些工作都简单，我曾认为它们都是下贱而廉价的。我后来发现自己的想法完全错了。事实上这些工作默默地给了我许多珍贵的教诲，不管从事什么样的工作，我其实都从中学到了不少的经验。

“如今，我变成了一位管理者，我依旧像原来那样去发现那些需要做的工作——哪怕那不是我的工作。无论从事什么工作，只要你这么做你就可以超越别人，这不仅让你与众不同，也会为你的成功铺平一条道路。”

任何一个在公司里工作的职员都应该相信这一点。从现在就开始行动吧！别再犹豫，更不要等你找到理想的工作那天，只要你主动一些，一切就会变得美好起来。

主动是什么？主动就是不用别人告诉你，你就可以出色地完成工作。一个优秀的员工应该是一个自动自发地工作的人。而一个优秀的管理者则更应该努力培养员工的主动性。

主动地去做好一切吧！千万不要等到你的老板来催促你。不要做一个墨守成规的员工，不要害怕犯错，勇敢一点吧！老板没让你做的事你也一样可以发挥自己的能力，成功地完成任务。

成功人士和平庸之辈，是两种截然不同类型的人。成功人士凡事都主动，我们不妨称他们为“积极主动工作的人”；那些庸庸碌碌的普通人凡事都被动，我们不妨称他们为“消极被动的人”。你只要仔细研究这两种人的行为，就可以找到一个成功原理：积极主动工作的人都是不断做事的人，他们凡事现在就去做，直到完成为止。消极被动的人，都是懒惰散漫的人，他们会找借口偷懒，直到最后他们证明这件事不应该做，没有能力去做，或已经来不及了为止。积极主动工作的人和消极被动的人之间的差异，从很小的地方就能看得出来。前者计划好一个假期，就真的会去度假；后者也计划好一个假期，却拖延到明年再打算。前者认为应该定期听成功讲座，结果他真的做到了；后者也认为应该定期听成功讲座，但他会找出各种办法来拖延。前者认为应该发一封E-mail给一个人以恭贺他的成就，他真的敲起了电脑键盘；后者却找了一个理由来拖延，结果一直不去行动。

积极主动工作的人和消极被动的人之间的差异，会在大事上表现出来。前者想要自己创业，结果他说做就做；后者也想创业，但他总在最后关头发现“为什么不该去做”的理由。前者已经四十岁了，他很想换一个新工作，结果他真的去做了；后者也一样，但他一直犹豫不决，结果什么事也没有做成。

积极主动工作的人和消极被动的人之间的差异，也会在各种行为上表现出来。前者想做就做，因而获得安全感以及更多的收入；后者不会想做就做，因为他不想行动，结果丧失了主心骨，因而永远度日如年。积极主动工作的人会成就许多事情，消极被动的人很想做事但永远不会真的去做。

要尽力改善，做工作的领头羊。当你看到什么事情不如意时，要积极主动去做好。你应相信：即便开始时是你一个人孤军奋战，只要这个构想真的很好，对众人都有利，很快就会赢得更多人的支持。你一定要使自己成为主动去尽力改善的改革者。

你一定有想参加某些活动却又不敢去的经验，为什么呢？因为你害怕。你不是怕能力不足，就是怕别人的批评与破坏。你害怕被人嘲笑，被人说成巴结奉承，被人指为贪功冒进，因此你裹足不前，不敢向前迈进一步。

那些能干又肯干的人，都是主动工作的人，而那些站在场外袖手旁观的人，永远只能是看客。我们还没听说过有人因为“没有打扰别人”“没有采取行动”“要等别人下令才做事”而受到称赞的。

在工作中追求品位

任何一种职业活动都有其规定性，任何一种职业生涯都不会像游戏那样快活轻松。

职业生涯品位是衡量职业生涯质量高低的整体性概念，反映员工在职业生涯中处于怎样的层面上。品位有高低之分。高品位的职业生涯是完满幸福的，低品位的职业生涯则是有缺憾的、不幸的。员工个人的素质不同，所处的环境不同，其职业生涯标准也不可能相同。没有固定的职业生涯模型，只有相似的职业生涯场景。

如果你的职业生涯活动与你的人生活动融为一体，把职业视为发展自己、服务社会、创造财富的工具和手段，超脱私利羁绊，达到进退有序、行止从容、得失坦然那样一种境界；清贫也罢，富有也罢，坎坷也罢，都不辱没你的生涯使命，都不会影响你的生活潇洒；你有远大的职业生涯目标，所以能看得开眼前的一切，知道什么时候需要为了生活而工作，什么时候需要为了工作而生活。这种职业生涯就是高品位的。

如果你的职业生涯活动与你的人生活动有机结合，把职业作为满足生存发展需要的工具和手段，注重现实和职业活动效果，如金钱、地位、名誉等；热爱人生，重视职业，把职业生涯安排得井然有序；在职业生涯天地里辛勤耕耘，收获着成功和失败、痛苦和欢乐，品尝着职业生涯的苦辣酸甜。这样的职业生涯是中品位的。

如果你的职业生涯活动与你的人生活动相脱节，把职业看成无足轻重的东西，充其量当成点缀生活的小道具；采取不负责任的态度对待职业生涯，随心所欲，低级庸俗，想干什么就干什么，想怎么干就怎么干，把职业生涯搞得乌烟瘴气，一塌糊涂；你非但没有在职业生涯中体现出人生价值，反而通过职业生涯来糟蹋人生，整天喝自己酿制的苦酒，根本体会不到职业生涯的欢乐和幸福。这样的职业生涯就是低品位的。

职业生涯品位是客观存在的，每个人都能找出相应的位置。职业生涯品位也是可变的。

那么，如何提高职业生涯品位呢？

任何一种职业活动都有其规定性，任何一种职业生涯都不会像游戏那样快活轻松。因此，我们可以尝试。

变干工作为表现自己。如果每天上班前，你就琢磨着今天又干哪些工作，需要花多少时间和精力的话，心里就会产生一种责任感和压力感，就会整天埋头苦干而露不出轻松的笑脸。如果换一种思维方式，即在每天上班前，就琢磨着你今天又有机会表现自己了，该怎样通过做好工作表现出真正的你，当处理工作事务时，你就会精神抖擞，信心百倍，笑口常开。在把自己表现得光彩照人的时候，工作也一定做得相当完美，自然也显示出了你职业生涯的高品位。

变个体行为为群体规范。职业生涯是个人职业活动的全部内容，所以，职业生涯不仅仅是个体的行为。如果把职业生涯看成个人与大家相互作用的产物，个人的职业行为是受人际关系影响和制约的，工作好坏直接影响大家的利益，自己有向社会负责的义务，这样，即使你一个人单独工作，也能自觉地用群体规范来约束和鞭策自己，真正做到老板在场和不在场一个样，通过自我激励，不断创造职业生涯的光辉业绩，实现从量变到质变的职业品位的提升。

变消耗机制为再造机制。职业生涯不是全部的人生，得失也各占一部分。一方面，获得精神和物质满足，另一方面又以损失体智能量为代价。所以，职业生涯的运转体制首先表现为消耗机制，如果受工作的驱使，成了工作的奴隶，长此以往，必将损害身体，影响职业生涯及生活质量。把发展自身素质放在首位，把具体工作视为检验完善自身的工具和手段，力所能及的事尽力做好，力不能及的事通过自我调整补充，争取做好。这样，就把职业生涯付出体智的消耗机制，变成了发展体智的再造机制。苦得其乐，乐在其中，再单调的职业生涯也会焕发出活力，再枯燥的工作也会充满了快乐。

作为工作人员，你肯定有一间自己的或共用的办公室，你需要费一些脑筋去精心布置一下它。你所营造的办公环境会体现和衬托你的形象。

房间内一般要摆放写字台、坐椅，最好有一个书架，不要放洗漱用具、化妆品等,这会有损你的形象。房间内摆放的物品不要太拥挤,这样会显得杂乱无章,给人以窒息感。

如果有必要的话,你最好在房间内有一台办公用的电脑,这可以显示出你的才干。但你若对电脑的使用一窍不通,也不必附庸风雅,非摆不可。还有,你不要把电脑游戏盘带进办公室,被人发现,会认为你不专心工作。

为了体现你的品位,写字台最好选用高质量木制的,漆色要好,能透露你的性格。写字台一般要面向房门,主要的坐椅和客人的坐椅相对。写字台上的办公用具应该整整齐齐,桌面干净光亮。办公用具不要用档次太低的,也不必故意显示似地放上价格过于高昂的物品。

一些盆栽的香草花卉,可以使你的办公房间倍添情趣,一幅油画或中国山水画也可以使室内增添几分情趣。如果不喜欢画,一幅书法作品也可以使你的室内焕发光彩。不信你可以试一试。不过,书法作品不必太直露地表现你的雄心壮志。

书刊报纸会使你的格调品位在众人心目中有所增加。但要特别注意不要把一些街头小报和无聊杂志带进办公室里。放上一些诸如经济类、科学类、文化类的书刊报纸会比较好一些。

有人说:"只要看看一个人的办公桌,就可以知道他的工作能力和工作态度。"

别把不必要的物品堆积在桌上。必要的文件和备用物品应分类放置,以便随时取用。暂时不用的物品不要全塞在抽屉里,尤其是与工作无关的物品,如武侠小说、杂志等,要绝对避免,否则万一哪天被人意外发现,会相当丢脸。

外出时,桌上不可留置文件,即使暂时离开座位,也不可将重要文件随意搁置。

一个有品位的工作人员，不应该把自己的办公室布置得乱七八糟,因为良好的办公环境,将对你的事业前途有很大的影响。

上级布置某项工作任务时,面对员工,语言表达要正确无误、清晰肯定,以便让员工听清弄懂,避免生出歧义。如果你布置任务时,交代不清或模棱两可,那么,员工无法领会你真正的意思,就会在工作中造成一定的错误或损失。

口头布置工作任务是上级的经常性事务，一定要做到目的明确、层次清楚、要求鲜明、完整充分而又重点突出。只有这样,才能使听者更好地去领会、贯彻、完成,不出现偏差。

而且,不管是布置工作任务,还是进行其他工作,上级在语言运用上,都要力求平易通俗,大家都能听得懂。不要生词僻语一齐上，甚至一些生造词语也当做时髦不加分析地使用。否则,听者不是说你文绉绉地故意卖弄文采,就是说你知识修养不高而笑话你了。

即使你的外语口语水平很高,如果你是上级,也不要不加节制地在与同事的交谈中加进一些外语词句，最好是一个外语单词也不要有,除非是某种工作需要。否则,听者会认为你是一个骄傲自大的人，他也许会在背地里讥笑你肤浅而没有深度。或许,在语言中掺进一些外语已成为你的习惯,但你必须努力改造自己,学会用纯粹、正规的大众语言进行交谈。

语言上过于追求别出心裁,就会给人以华而不实的感觉。最重要的是让听者明白易懂,不发生曲解现象。要做到语言通俗易懂,就要掌握一些要领。如果你的口音比较重,应该努力学习规范的普通话,这样,才能让大家都能听懂你的话。口语中过于冗长的句子,你应该尽量用短句来代替,以避免句子过长,而使听者感觉复杂拖沓。一些成语、格言可以使你的语言增色不少,但是,也不能为了语言的华丽而堆砌辞藻,排比铺陈,故意搞得花里胡哨。

第三章

能力

卓越的能力创造卓越的品位

尽快开发和利用自己的潜力和才能

每个员工身体中都沉睡着一个巨人，这就是你的潜能。唤醒你心中的巨人，开发出自己的潜能，你就一定会取得成就。

一位员工能否工作出色，关键看他是否充分开发和利用了自己的潜力和才能。人的潜力和才能是巨大的，有时连自己都无法估价。

尼亚加拉大瀑布在好几千年里，上万亿吨的水从180英尺的高处奔涌而下，坠落到深渊里，毫无意义地流失掉。然后有一天，一个人制订了一个计划，利用了这巨大能量的一部分。他使一部分下落的水流经过一个特殊的装置，从而产生出上千万千瓦的电力，推动了工业发展的巨轮。从此，成千上万的家庭有了光明，成吨的粮食被收割，大量的产品被生产并运输到各地。这种新的能源，使人们有了工作，孩子们受到了教育，道路被开通，高楼、医院被建造。它带来的好处是说不完的，总之，这一切能实现，都是因为人们发现并利用了尼亚加拉大瀑布的能量，让它为一个特殊的目的服务。

我们也要在工作中尽快发现和利用自己的潜力和才能。

《圣经》上说“让富有的更富有”，其意义很清楚，即掌握并利用你的才能，那么你的才能不仅会增加而且会带给你更多的收益。

挖掘自我潜能的工作只有留待自己。

人脑的潜能究竟有多大？可以说这个潜能是无限的，而且是无所不能的。当你发现自己个性中有这么多秘密武器，一定会迫不及待地使用它吧。

有一则寓言说：

一天，一个喜欢冒险的男孩在养鸡场附近的一座小山上发现了一个鹰巢，他就从鹰巢中拿出了一个鹰蛋，带回养鸡场并把鹰蛋放在母鸡窝里让母鸡孵化。孵出来的鹰和小鸡一起长大，当这只小鹰不知自己是鹰的时候，它很快乐地过着和鸡一样安稳的生活。

但是，当它逐渐长大的时候，它还是发现了自己和鸡有些不同，它心想自己一定不是一只鸡，但它一直没有采取什么行动。直到有一天，它看见一只老鹰在高空翱翔，它感觉到自己的双翼有了一股奇特的力量，它产生了要飞上天空的想法。于是，它展开了翅膀，飞到一座小山上。它非常惊奇自己竟然有如此的本领，于是它再向更高的山峰飞去，最后终于也能在高空翱翔了。

也许你会说这不过是一个寓言而已。而且寓言里的鹰之所以能笑傲高空，那是它本来就有笑傲高空的潜能，它是鹰，它并不是一只鸡。确实，寓言只能是寓言，但这则寓言所寄寓的道理却是极有意义的，即一个人如果只把自己局限在一个自我期望的小圈子里的话，那么这个人终生都只会在自己给自己画定的小圈子里打转。就如同一个从来没有做过将军梦的士兵，永远也不会当上将军。如同有了一百元就会满足的人不会拥有比一百元更多的财富一样。相反，如果一个人心怀大志、志向远大，他就会调动自己身上所有的能量，朝着自己设定的目标前进。

你给你自己画定的圈子有多大，你的人生就有多大。

何以会如此呢？

因为取得成就的根本原因就是取得成就的人唤醒了自己心中沉睡的巨人，开发了自己无穷无尽的潜能。只要你想取得成就，只要你能抱着一种积极的心态去开发你的潜能，你就会有用不完的力量。相反，如果你没有想过取得成就，你的心态就会消极到了极点。这种消极的心态就会使你根本不可能去挖掘你的宝藏，并且越不开发自己的潜能，你就会变得越发无能。

工作就像比赛，比赛就是不顾一切。你要不顾一切拼命地向前冲。你不必理会任何事、任何人，接近得分线的时候，你更要不顾一切。没有任何东西可以阻挡你，就是战车或一堵墙，都不能阻挡你，你要冲过得分线！

有了这种坚强的意志和顽强的信心，拥有完美的执行力，奋勇向前，锲而不舍，没有抱怨，没有畏惧，没有退缩，不找任何借口，自然就能开发出自身的潜能。

边干边学

你可以通过某些方式从每一类工作中获取经验。这些经验能帮助你以后做出很好的选择。同时,它能教给你本领,这些本领你以后是用得着的。

在工作中边干边学,成功和失败都可以让你获得经验。

你的经验也是你的一个最重要的“资本”。假如你工作时有些预见,你就能以很小的代价获得很多的经验。不管需要付出什么代价,经验反正永远是你的。

在生活中,经验常常是偶然获得的:你遇见什么人,你从事什么工作, 你年岁增长了……你都能从中学到更多的东西。

例如,当你试图计划你的职业时,你应该尽可能地积累各种工作经验,特别是当你年轻的时候,能够相当容易地从事各种工作,尝试各种创新的做法。你现在学的东西越多,你以后做决定的根据就越多。

你可以通过某些方式从每一类工作中获取经验。这些经验能帮助你以后做出很好的选择。同时,它能教给你本领,这些本领你以后是用得着的。丰富的经验,特别是那些你学到的新本领,将为你以后提供更多的选择和进步的机会。

在设计你的生活道路时，没有什么东西可以代替经验帮助你在工作中获得进步，并且你将不得不花费几年的时间来获取经验。对它抱有希望，为它做好准备，充分利用它。假如你偶尔出了大错，可以在下面这一段话中得到安慰："在人生的赛场上，早期有一些失利是有益的，这可以消除试图常胜不败的压力。"

你是一个新人，毫无经验，你也不必气馁，只要你为自己制订一个新人三年计划，你就一定能终有所获，有所作为，照样可以成为高效能工作者中的一员。

比起成功的经历，对于老板、前辈失败的经验应更加用心倾听。市面上谈论有关如何成功的书籍都相当畅销，少有人会对失败、衰退的过程感兴趣。不过基于各种主客观环境因素，事实上我们很难去模仿拷贝他人的成功经验，但可以轻易从其失败中汲取教训。

向父亲请教工作经验。自己的父亲由于没有工作上的利害关系，对于相关的经验会更加愿意倾囊相助。利用平常家庭聚会的时间和父亲聊聊，也能让老爸觉得备受重视而对你关心不已呢！

把握和老板交际的时机，多参加同事间的聚会活动。现今的年轻上班族，越来越重视个人时间与自我的生活，有的人也因此疏忽了办公室中人际关系的经营。其实利用非公事的场合，如吃饭、去KTV等不但可以拉近与老板及同事间的距离，还可以增进情谊及相互了解。同事间彼此相处和谐，工作也才能更加愉快而有效率。

充分利用出差的机会。某公司的主管派两位新员工到外地做市场调查，回公司报告时，一位提交了详细的经济动向统计数据，另一位则提交了自己在街头观察商业活动的心得。主管会对哪一个人的报告感兴趣，相信大家一定都很清楚。由这个小故事也给我们一个启示，不论是公务出差或私人旅游，都应该充分利用到当地出差的机会，这不但对工作有帮助，也能让自己有更深刻的体验。

吸收新知识是现代上班族的重要课题。“情报网络”也是个人应该经营的资产。很多企业家都认为，扩展人际网络最好的方式就是读书。在阅读好书的同时，将内容与其他人分享，对于情报网络的建立将有莫大的助益。在资讯泛滥的年代，读书将会是获取资源相当有效的方式。

不要对临时工或后进人员摆架子。有的新人功夫还没学到，办公室的官僚恶习倒是学了不少，对于临时工或后进人员摆出一副老大哥的样子颐指气使，这是相当要不得的。进公司的前三年期间，都还不算是资深人员，有许多事必然需要其他人员的帮忙，摆架子只会让自己的工作无法顺利推进。

注意言行，不要在无意中给自己树敌。你是不是觉得虽然在公司已有一段时间，但还是被忽视？提案总是被否决，工作上也没有协作的伙伴？这个时候你就该注意了！或许你平常一些不经意的言行已经得罪了不少同事，让大家不愿意跟你共事。公司中不同部门也会因业务有所接触，即使有意见相左或是相处不来的人，也应尽量避免制造“树敌”的状况。

多注意别人的优点。在这个集体生活的社会，存在着各式各样的人，不管你喜不喜欢，“老板就是老板”“客户就是客户”，是无法改变的事实。新进公司的前三年，正是锻炼处理人际关系能力的时期。“紧张兮兮、神经质的毛病”“性急草率的客户”，从正面的角度来看，也可以是“细心谨慎的习惯”“坦率大胆的客户”，以“凝视优点”的方式看人，会意外发现所有的人都很好相处。

即使别人帮的是小忙，你也要表达感谢之意。一个知名的记者私下透露拥有大量情报的秘诀，原来每次采访完后，他都会将新闻剪报连同简短的谢函一并寄给受访者。看来简单的举动，却能加深受访者对他的印象与好感，以后也比较容易相处。习惯以电话作为沟通方式的新新人类上班族，可不能小视信函的魅力。

在客户的名片背面记载上该位人士的相关信息。交换名片不只是了解对方的职衔，对于新人而言，更是扩展“人脉”的第一个方法。没有整理过的名片任意堆放，到最后可能连自己都弄不清楚谁是谁。如何活用名片的功能？和客户接触的日期、交谈的事项甚至是人物性格，都可以简短地记录在名片背面，就是一个很好的个人“人脉资料库”。

球技再高超的棒球选手，都没有所谓“十成的打击率”。同样的，在商界，也没有成功率百分之百的经营者。所以在新人阶段不要害怕挑战高目标，失败后也不要得失心过重，想想棒球打法的定律，将其作为对自己的激励。

及时“充电”

在落实了工作岗位后，不要以为就万事大吉，而应当把提高自己的文化素质和专业技能放在议事日程上。

下班后重返课堂，业余时间出入“充电”场所，这是许多城市青年的“第二职业”。

据上海团市委有关部门的一项调查显示，约有六成以上的年轻人在业余时间选择了“再学习”。对一个人来说，从终身的角度出发，“充电”也是一项不断完善自身、逐渐适应社会的个人工程。

那么，对一个刚刚踏上工作岗位的年轻人来说，业余时间“充电”该如何筹划呢？

(1)要确定目标，找准方向，制订分步实施计划

一般来说，学校毕业后踏上工作岗位，这是事业的起步，同时也是“充电”的开端。业余时间“充电”越早越好。这就是说，在落实了工作岗位后，不要以为就万事大吉，而应当把提高自己的文化素质和专业技能放在议事日程上。你现在的综合素质也许能适应目前工作的要求，但必须有超前意识和为将来更大发展做准备的“储备”观念；目标明了，你的“充电”才有后劲。

在自己原有的基础上提高一步，与社会对岗位的要求

相吻合,这是业余“充电”要把握的一个原则。具体来说,有了高中文凭,你得去读大专或大学文凭;有了大学文凭,你得去读研究生课程;研究生毕业的,你得有再读博士的打算。同样,对从事技术工作或技术操作的人来说,也有一个不断提高技术档次的问题。当然,有时候会处于两者都需要的境地,得并肩前行。

抓住主要矛盾,从影响发展的因素安排业余“充电”的内容,学会集中力量打“歼灭战”。有计划的“充电”,总比踏着西瓜皮滑到哪里算哪里要好、要实在。所以在综合分析了自己的情况和单位所能创造的条件、工作所能允许的范围之后,实事求是地制订一个分步实施的计划,是保证“充电”不“断电”的要旨。

另外,要处理好为适应目前工作的“充电”与为未来发展打奠基的“充电”之间的关系。自然,在选择“充电”项目时,先应当着手于适应眼前的工作,着眼于未来的发展,能将两者融合起来、互为补充,那就再好不过了。如某公司一位总经理秘书,将来想从事营销和广告策划工作,那么她业余“充电”先选择了“文秘”专业,然后进行了“公关”和“营销”方面的培训,这样就比较合理,有利于层层推进,不断接近既定目标。

(2)确定业余“充电”的内容和方式

目前社会上提供“充电”的学校和培训部门多如牛毛,有教育部门办的业余大学,有社会力量办的艺术、技艺学校,也有个人出资办的培训机构,还有自学考试辅导班等等,而且内容应有尽有,课程都面向市场。这种多元的进修机构,为“充电”带来了方便,选择性也大为加强。

但对个人而言,还得根据自身实际情况进行选择。如果单位允许,集中一段时间学习当然是一件美事,但大多数情况下,利用晚上和双休日进行“充电”是目前许多业余进修学校提供的主要方式。如果时间不允许,那么选择参加自学考试方式,也不失为一种好办法。这种方式学习时间自由,灵活方便,学得扎实,但相对来说学习难度增大,需要付出更多的心血。

电脑和外语,被人称为跨入新世纪的“通行证”,这两种“工具性”学科在当今和未来社会中的地位是很重要的。计算机风靡社会的速度之快,介入人们工作、生活的范围之广,出乎人的意料。尤其是上网“冲浪”和信息“下载”,让人感到世界在变大也在变小。因此,学会基本的计算机操作方法,这是现代年轻人生存所必需的技能。另外,随着与国际交流的频度及密度的增大,学一点外语也是年轻人应当走过的一道“坎”。因此,年轻人要把眼光放远,应当把计算机操作在手里,把外语练在口中,成为“世界公民”。

(3)拓宽“充电”的时空

任何一项“充电”总有局限性,光依赖培训机构,或仅仅从培训机构获得新知,是远远不够的。因为培训教育,内容往往会滞后,而且授课范围有限。所以,在参加集体式的“充电”之余,挤出时间为自己开“小灶”,即在接受社会培训的同时,注重自我更新和自我学习是十分必要的。有一位白领男士说得好:课堂“充电”是“高压电”,能更集中;而在家学习,犹如是“变电站”,输“电”及时。从长远看,学习社会,更需要个人理性地、长久地、不间断地学习,这个学习知识的“小灶”即使到了多媒体传授的“电脑煲”盛行阶段,也是不能丢弃的。

(4)实现“充电”的多重效应

“充电”是一种长远的人生准备，是精力、时间、金钱的投资性付出，是一种提高型的输入。对年轻人来说，“充电”与赚钱从长远看并不矛盾，但在具体进行中也许会有冲突。遇到这种矛盾，要看具体情况，既不必采取放弃赚大钱的机会而去“充电”，也不能为了蝇头小利而迟迟不落实“充电”的计划。因为，一旦“充电”成功，毕竟像储蓄一样，有了“准备金”后的发展将会制造更大的赢机。

“充电”，最好既同社会需求相适应，同时也与自己兴趣相一致，这样所获得的“充电”效率和生活乐趣会更多。

“充电”，不仅要考虑现在的生存质量，也要考虑未来的发展前景。所以，“充电”是有点儿超前、有点儿积蓄、有点儿拼搏的自我完善行为，它的回报必会在未来兑付。

学习化工作

学习化工作观念是由信息社会、知识经济时代催生的产物，而学习化工作观念又是信息社会、知识经济时代的支撑基石。

工作的过程也是一个学习的过程。

一个人的受教育程度如何，要看他的大脑得到了多大程度的开发。简言之，要看他的思维能力。

能改善思维能力的方法就是创新性学习和创新性工作，创新性学习和创新性工作就是把自己置于学习与工作的制高点上。

如果现在到学校去看看，你一定会激动得大吃一惊。当你了解到学校现在开的课程很多时，你会兴奋；但当你发现下班后去上学的是一些什么人时，你会更感到激动。他们不是凭一时的冲动“赶时髦的人”，而是真正有前途的人，其中还有很多人已身居要职了。

做学生的时候，总是老师指导着我们学这学那。我们总是知道自己该去学什么，该去看什么，并且知道只要努力学了，用心看了，就一定没有坏处。

工作了，不再有人指点我们学这看那了，就好像动物园里的狮子进了森林，一时间还真的有点迷茫，管理员不会再把大桶的鲜肉放在它的嘴边，它得学着自己找食吃了。我们就像是狮子一样，空有一身的力气，却不知该从何下手。

于是，我们需要用心地去观察生活。从生活的每一个片断中，去汲取我们需要学习的东西。从一件件小事当中，去领会工作和为人的道理。其实，生活就是最好的老师，因为它包罗万象。我们在学校里学到的每一个道理，我们从书本中看到的每一种观点，不都是源于这五彩斑斓的生活吗？那么为什么我们不能擦亮眼睛，开启心智，从生活这个本源中来寻找真理呢？

使人没有成就、陷入平庸的并不是能力不足，而是勤奋不够。随时随地求进步是一种心态，必须自己用心去引导，它才会像活泉般涌现出来。心理学家皮尔说："如果你觉得生活特别艰难，就要老老实实地自省一番，看看毛病在哪里。我们通常最容易把自己遭受的困难归咎于别人，或诿称是无法抗拒的力量。但事实上，你的问题并非你所不能控制，解决之道正是你自己。"如果一个人常常有消极或无能为力的感觉，就会使自己变得懒惰起来。这时，最能帮助你的就是你自己：改变心态，抱持积极进取的思想，你自然会再度站立起来。

书籍多如耸立的高山，知识广如浩瀚的海洋。功成名就，好比攀登丛山峻岭，横渡四海大洋，行程漫漫，困难重重，绝非短期之内可以毕其役。知识若一天没有积累，不是维持现状，而是在减少。积累也不是一般概念的加法，当你的知识积累到一定程度，会爆发出一个个灵感来，这种灵感会使你一下子明白许多以前似懂非懂的东西，会使你悟出许多书本上没有学过的东西。这样，你的进步岂不是成几何倍数的增长吗？

《美国2001年教育战略》中写道："今天，一个人如果想到美国生活得好，仅有工作技能是不够的，还须不断学习，以成为更好的家长、邻居、公民和朋友。学习不仅是为了谋生，而且是为了创造生活。"

可以这样说，学习化工作观念是由信息社会、知识经济时代催生的产物，而学习化工作观念又是信息社会、知识经济时代的支撑基石。今天，社会变革的潮流一浪高过一浪，我们在面对竞争日趋激烈的现实时，必须有学习化工作观念，否则就会被淘汰。

变自发为自觉

良好的自觉对一个人能否成功，确实起着关键性的作用。你认为自己是怎样的人,就会有怎样的表现,这两者是一致的。

有很多人能够非常兢兢业业的工作，但是他们会比较习惯于已有的工作方式，而对于新的工作方式总是抱有一种排斥的态度。或是说新的方式不如老的方式稳妥,或是说自己真的掌握不了新的工作方式。

电脑在现代办公中的普及程度已经相当之高了，但是就是在IT产业如此发达的美国，一些员工还不会使用两年前就安装好的计算机系统,他们说喜欢按老方法工作。不能将先进的工作方式运用得恰到好处，一定会影响工作效率的提高。

同样,所有的新的工作方式,电脑管理也好,新的工艺流程也好,只要我们肯花心思去学,就根本不是什么困难的事情。问题的症结在于我们是否有不断学习的意识,我们是否愿意花费时间和精力为我们工作效率的提高而做出努力。前面曾经提起过"要不断学习,不断成长"的问题,在工作中,我们就要有不断学习的精神。不能因为自己已经取得的成绩而停步不前，也不能因为安于现状而拒绝学习新鲜事物。我们不仅要对自己有信心,更要让自己有决心。新的工作方式最终是会被所有人接受的，那么我们为什么非要做最后一个不得不接受的人呢?所以,请你自觉地接受新的工作方式。

自觉是指某种感觉刚一产生的时候你就能察觉到。众所周知,人的眼睛有盲点,人的个性也有盲点,有时人不知道自己的感觉,这就需要不断的反省。

所谓自觉是指注意力不因外界或自身情绪的干扰而迷失、夸大或产生过度反应,反而在情绪纷扰中仍可保持中立自省的能力。

在意识层之下，某些激昂沸腾的情绪会严重影响我们的看法与反应,虽然我们对此可能茫然不觉。比如说你早上出门时摔了一跤,到单位时好几个小时都因此而烦躁不安,疑神疑鬼,乱发脾气。但你对这种无意识层的情绪波动一无所察,别人提醒你时你还颇为惊讶。一旦这种反应上升到意识层(即在皮质层留下记录),便会对发生的事重新进行评估，决定是否抛开早上的事带来的不愉快，换上轻松的心情。

良好的自觉对一个人是否能成功，确实起着关键性的作用。你认为自己是怎样的人,就会有怎样的表现,这两者是一致的。你觉得自己是个有价值的人,结果你就会变成有价值的人,做有价值的事,而且拥有一些有价值的事物。你觉得自己一文不值,你就不会得到有价值的事物。

一个人的自我观念是人格的核心。坚强的积极的自我心像,是成功生活的最坚实的基础。

成功与快乐的起点,就是良好的自觉。在你真正让别人喜欢你前,你必须先接纳自己。在你未接纳自己以前,动机、设定目标、积极的思考等,都不会为你工作。

用实力征服别人

具备相关的实力最为重要。凡利用不正当手段或裙带关系推动职业生涯都是不稳妥的，因为大家不会一直忽略你缺乏实力的事实。

无论做什么事情，只有具备实力的人才都能有所作为。

所谓“实力”，是指有才华、有能力，在工作中表现出色，能够取得比别人更好的成绩。

如果没有实力，即使你利用一些技巧获得了老板的欢心，那也只是暂时的。久而久之，老板会认为你这个人太笨了，简直是“马尾拴豆腐——提不起来”，一旦老板这样看你，那就注定你在公司里被判了终身监禁，难有出头之日了。

因此，若想有效的工作，必须具备一些实力才行。而拥有实力的最佳办法，当然是通过不断的学习和锻炼。

归根结底，公司不是慈善机构，老板也不是具有菩萨心肠的慈善家，他的最主要目的还是赢利，使生意越做越大。因此，他雇用员工就是为了达到自己的这一目的，而不是白白养着这些人。

公司里的薪水不是那么容易拿的，而升职加薪也不是仅凭说一说就可以获得的。只有具备一定“实力”的人，才能具备老板欣赏的基本条件。

作为一名员工，总期盼着能有伯乐慧眼识人，把自己从众多的人群中提到一个更高的职位上，但是，在被选中之前，我们也要知道自己是不是一匹千里马，有没有担当重要职位的能力或者实力。

实力就是能胜任某项任务的主观条件，它是发挥出来的潜力。它由以下部分组成：

技巧。能将困难或复杂的技术表现出正确的结果；

知识。具备有关的、已经组织好的资料，而且能够运用其恰当的部分；

态度。表现高水准的积极情绪倾向和意愿；

自我观。对自己完美的表现有信心；

敏锐的理解力。能够注意并做好与工作有关的事情。

如果你的职业生涯计划包括工作升迁，那么，你为取得新的实力，必须加上一个人的成长经验，凭借捷径或耍嘴皮子是愚蠢的做法。

具备相关的实力最为重要。凡利用不正当手段或裙带关系推动职业生涯都是不稳妥的，因为大家不会一直忽略你缺乏实力的事实。发展实力是一项长期计划，不断地提高素质和实力是必要的，此外还要不断地获得新实力。

在关键性的变动时，新实力的获得特别重要。有时候你会发现，目前的职位和向往的职位之间，有着明显不能跨越的鸿沟。

一个有实力的人,论理会得到上司的赏识重用。但有时也未必。如果上司不买账,这个人就极有可能被埋没,不能充分施展自己的才华,发挥应有的作用。谁都希望能得到上司的赏识,因为这能决定一个人的命运。假如你有实力却不被上司赏识时,该怎么办呢?

端正心态先冷静。当各方面情况已充分证明你是一个有实力的人,但上司却并不如你想像的那样欣赏你、重用你,这会让你大感意外、大失所望,你也难免大为不满、大发牢骚。其实这种现象不必少见多怪,从解决问题及表现人格修养的角度来说,你也应该尽量避免这种冲动的情绪、恶劣的心态。这就是说,你首先要做到冷静,保持理智、平稳的心态,正确地对待自己的处境。有些年轻员工最易在情绪和心理上对自己的处境产生困惑和烦恼,以致方寸大乱,或采取对抗态度,或变得自暴自弃,找不到方向。此时此刻,你最重要的是让自己冷静下来,端正心态,这样才能弄清问题,妥善对待。

查找症结再顺应。有实力,上司却不赏识,这肯定是有原因的。一般而言,上司希望自己的下属都是有实力、出众的人。但判定实力有不同的标准,上司衡量下属是否有实力的标准多半是工作意义上的。你自认为的实力,在上司眼里并不一定算作"实力";你为得不到赏识而彷徨、困惑,在上司那儿却心安理得,自然而然。你有实力却不为上司赏识,这是一对矛盾,你应从这个角度查找症结。如果自己的实力并不是上司所希望的,那么你不仅不应感到不服气、怨恨,反而应调整自己,顺应需要,从上司的愿望出发锤炼自己的实力。这不是投上司所好,而是上司的愿望多代表着单位的一种根本需要和发展方向。

辩证看待要理解。上司不欣赏你的实力,也许是上司不理解你、苛求于你、不能公正对待你,这可能是其认识上的局限性,或一时失误造成的;也可能是过分拘泥、刻板,观念和性情偏狭所致。这时造成不欣赏你实力的主要责任不在你,而是上司本人。对此你不能抱对抗态度,而要多理解他,辩证地对待这种局面。这既显得你大度,也会促其反省,从而改变对你的态度。

人的实力具有多面性,有的与工作有直接关系,有的则比较间接。与工作有直接关系的实力容易为上司赏识,间接与工作有关系时,上司不能很好地认识其价值所在。但对上司抱对抗态度是不可取的,员工应一分为二地看待上司的行为。上司虽然不太理解你的实力,但却是从工作出发的,是有原因和良好愿望的。多理解、体谅上司,这才是合作的态度,从而促使上司重新审视自己的行为。与此同时,当上司因误解、偏见而不赏识你时,解释自己,宣传自己,推销自己,也是非常必要的。

第四章

合作

既要会工作也要会处世

协同能力代表一个人的综合品质

一个人要想成大事，必须学会合作，一方面可以弥补自己的不足，另一方面可以形成一股合力。

当温斯顿·丘吉尔爵士临危受命，率领大不列颠投入战争时，他说，我一生都在为这一时刻做准备。从同样意义上讲，培养所有其他能力就是为了使我们具备协同配合的能力。

协同一旦得到正确理解，便可成为所有生活中的最高级活动——它是对所有其他能力的真正的综合检验和体现。

协同的最高形式是把人类特有的天赋、双方皆赢的动机，以及设身处地的交流技能全部集中用于应付我们在生活中面临的最严峻挑战。由此所产生的结果几乎是奇迹般的。我们将开辟出以前不曾存在的新的选择途径。

何为协同作用呢？简而言之，它意味着一个整体大于其各部分之总和，意味着各个部分彼此之间的联系本身即构成一个部分。它不仅是一个部分，而且是一个最能激发人的潜力，最能赋予人们以力量，最富于凝聚力和最鼓舞人心的部分。

合作在这里指的是双方合作。一个人要想成大事,必须学会合作,一方面可以弥补自己的不足,另一方面可以形成一股合力。团结才有力量,只有与人合作,才能众志成城,战胜一切困难,产生巨大的前进动力,所以说合作是生存的保障实不为过。

一盘散沙,尽管它金黄发亮,也仍然没有太大的作用。但是如果建筑员工把它掺在水泥中,就能成为建造高楼大厦的水泥板和水泥墩柱;如果化工厂的员工把它烧结冷却,它就变成晶莹透明的玻璃。单个人犹如沙砾,只有与人合作,才会起到意想不到的变化,成为不可思议的有用之材。一个人只有学会与人合作,掌握这种能力,才能让自己的事业不断向前。

合作已成为人类生存的手段。因为随着科学知识向纵深方向发展,社会分工越来越精细,人不可能再成为百科全书式的人物。每个人都要借助他人的智慧完成自己人生的超越,于是这个世界充满了竞争与挑战,也充满了合作与快乐。

合作不仅使科学王国不再壁垒森严,同时也改写了世界的经济疆界。我们正经历着一场转变,这一转变将重组政治和经济。将没有仅属于一国的产品或技术,没有仅属于一国的公司,也没有仅属于一国的工业,至少将来不再有我们通常所知的仅属于一国的经济。留存在国家界限之内的一切,是组成国家的公民。

工作中个体与群体的关系,也是一种饶有趣味的话题。

如同爱和友情一样，人与人的合作也是一种你必须付出才能得到东西。在我们走向成功的征途上,会有许多的同伴，你需要他们的合作,他们也需要你的帮助。

关于这一点，天空中飞翔的雁阵可以给我们人类以有益的启示。

秋天,当雁阵排成人字阵或一字斜阵飞过蓝天白云时，不知你是否想到这样一个问题：大雁为什么要整齐地列阵远翔呢？莫非,它们要向我们人类展示自己的飞行艺术。

大雁并非要向我们表演它们的飞行技巧，它们之所以采用人字阵或一字斜形的阵式飞行，是它们在长期适应中所形成的最省力的群体飞翔形式。当雁群以上述形式飞行时,后一只大雁的一翼,能够借助于前一只大雁鼓翼时所产生的空气动力,使自己的飞行省力。当飞行一段时间、一段距离后,大雁们左右交换位置,是为了使另一侧羽翼也能借助空气动力以减缓疲劳。

由于大雁既具有惊人的个体飞翔能力，又富有令人叹服的团队精神,因而,它们的两翼似乎有了灵性,使它们能够以轻松自如的风姿在空中飞翔。

由此,想到我们人类的团队精神。

你可能已经注意到，大凡胸怀大志并取得成功的人多善于从自己的同伴那里汲取智慧和力量，从同行那里获得无穷的前进动力。这里,我们姑且不说马克思恩格斯、居里夫妇以及贝尔兄弟式的合作，而是指更广泛意义上的智能互补和人才合作。

由于当代科学技术和社会的发展，对于一个立志开拓且希望获得成功的人来说，已经不仅仅需要个体的精进，而且需要知识的高度集结作为成功的基石。因此，你越是善于从群体中求知，越是不断地开拓新的求知领域，你就会使你的智能结构越完美，越富有应变能力，进而越能够应付变化繁复的社会发展和科学技术的发展。

大雁阵形的位置移动，还会给我们人类以另一层深刻的启迪。当今，人类为了解决自然科学乃至于各个领域的某些重大问题，单靠个人单枪匹马的奋斗已很难奏效，往往需要人才的兵团作战和多学科的交汇。即使是在经济领域，即使你只想做生意，你也需要团队合作。所以，掌握适当的时机和在适宜的范围内，善于组织人才的交流和分工的变化，有助于我们触发和选择新的思维角度，进而获得新的突破，这也更有助于个人的生存和发展。

因而，欲获得成功，需要我们有团队合作精神，认同团结和伙伴意识，你绝对会受益匪浅。大公无私的团队合作精神，不但会为我们这一代带来好处，同时也会为下一代带来好处。

你要想成为21世纪的高效能人才、未来的成功者，就一定要有与人合作的好习惯，这是时代的要求，更应为每一个欲成大事者所共识。

好员工缔结好团队

当你成功地促进了人们进行合作时，
你就具备了作为领袖人物的基本才能。

作为员工，抱怨和忙碌只能表明能力不足。大部分的人都以为只有自己最忙，好像旁边的人都在享乐似的。

为了避免太忙，我们建议企业的员工都能学会合作，都能适当地具备一些老板才能。

不是所有人都能有效地与人合作，善于团结人的人，天生就是一个领袖人物。他能引导其他人进行合作，或者将他们团结在自己周围，完成一项共同的工作；他善于鼓舞他人，使他们变得活跃。通过他人的协作，他完成了单靠自己无法完成的工作。在他人的协作下，以他为核心的团队给社会提供了更加有效的服务。

有些人天生是服从者，他们不知道一件事情牵涉的范围有多大，不知道该如何面对和处理棘手的问题。但他们也有与人协作的愿望。只是他们的协作是一种消极的协作。他们会说："你看我适合干什么，只要你安排了，我就会尽心去做。"所以，通过是否善于合作，可以区分出一个人是不是一个领袖人物。

领袖人物具有极强的号召力，能鼓舞并指挥其他所有的成员获得比在没有这种指挥影响力之下更大的成就。

各种行业都有领袖人物。有政治领袖，有军事领袖，有商业领袖，有社会团体的领袖。其中，商业领袖特别理解“共同谅解及合作精神”的必要性。他们知道，要想成功，必须拥有这种精神。为达到这一目的，可通过自愿的方式，也可通过纪律的强化不断修正自己的想法，与他人达成谅解与合作。

领袖人物会适当消减你的个人思想。有时他会使用强制的方式，有时他使用说服的方式，有时则使用惩罚或奖赏的手段，但最好的合作是在潜移默化中完成这种消减的。领袖人物营造一种氛围，让你自己觉得放弃某些不合拍的想法是应该的。假如你个性过于突出，或者你有非常强烈的个人观念无法抛弃，那就不可能完成这种思想统一。

当你成功地促进了人们进行合作时，你就具备了作为领袖人物的基本才能。

不管你是多么优秀的组织者与管理者，通过个人魅力，你可以暂时把一个团体的想法统一起来，使他们以统一的想法行事。但是一旦你离开这个团体，就有可能出现团体分崩离析的局面。

从某种意义上说，正是因为这种基于个人魅力的老板才能的缺乏，才使得“英雄”人物的出现成为可能。同样一批人，仅仅是因为老板离开了，就变得面目全非，这肯定不是一个健康的局面，但它也反过来说明了领袖才能的重要。

这种想法虽然是人之常情，但只要你平常多观察就会发现，没有哪一个人是特别忙碌的。或许有时候工作会集中在某一个部门的人的身上，例如到了月底财务部门就显得特别忙碌，要出货了负责运送的部门就进入备战状态，这些都是不可避免的。但是，这些又都只是暂时性的忙碌，并非一年365天，天天如此。

当你想抱怨自己很忙时，请想想那些比你更忙而依然不发怨言的人。时常抱怨自己忙碌，只是表示你的能力不够罢了。

待人是一门艺术

要掌握好待人处世的艺术，要求我们在心理上保持较大的宽容度。这是我们在待人处世方面留有较大回旋余地的基础。

我们中的大多数人平日工作在一个相对比较和谐、彼此合作默契的环境中，对于待人处世的艺术，考虑得较少。这也是正常的，因为一般的人都不愿在这件事情上伤神劳心。但是正是由于这个缘故，当人们走出了自己熟悉的工作和生活圈子，到外面的世界去的时候，就很容易碰壁，经常陷入被动局面，甚至有时会产生寸步难行的感觉。

其实，在大多数情况下，人们遇到的此类遭遇并不是难以解决的困难，而是他们由于没有很好地掌握一些待人处世的艺术，没有学会随着环境的改变而改变的应变艺术，即没有掌握所谓的“应酬的学问”。

将“应酬”上升到学问的高度，这并非在小题大做，世界上有许多国家的高等学府开设有专门的“应酬学”，以增强学生们与人交往的能力，提高办事的效率。

首先，我们要明白“应酬”不是虚情假意，也不是看人下菜碟。应酬是指因时、因地、因人制宜的待人处世的艺术，是我们在生活中善于把握对方的心理状态、找到解决问题的最佳方案和化被动为主动的一种本领，是我们在工作和生活中迅速适应人、事、环境并使自己永远处于主动的一种学问。我们平时说某个人应酬得体，这不仅表现在他仪表的适度和大方，更重要的表现在他内在的心理容量和文化素养方面。应酬得当的人，既不会使人感到油滑，又能获得对方的尊重和好感。

要掌握好待人处世的艺术，要求我们在心理上保持较大的宽容度。这是我们在待人处世方面富有弹性，宽于待人，留有较大回旋余地的基础。当一个人在生活、工作中比较宽容时，他就很少将自己认为“理所当然”的想法强加给别人，他总是给自己同时也给他人留有较大的缓冲余地，不至于将别人挤到“墙角”。这样的人，即使在和一个陌生人初次接触的时候，也不会让人产生很大的压力，从而让对方觉得容易合作。我们在生活中能见到这样的艺术高手，他们即使在一个相对生疏的环境下也能应对自如，甚至如鱼得水，某些难以解决的问题、难以处理的人际关系在他们那里就会迎刃而解。这样的人，似乎天生就有一种亲和力和征服力，他们都是驾驭应酬艺术的高手。

与人相处的确是很难掌握的一门艺术，它之所以难以掌握，在于我们每个人的智慧、经验、人生观、价值观、家庭环境、成长背景以及个性特征都不完全一样。正因为有了这么多的不一样，所以人与人之间的磕磕碰碰时有发生，甚至相互间的矛盾、争斗、冲突等也在所难免。

既然这些矛盾、冲突在所难免，那么，我们在与别人相处发生了不是很愉快的事情的时候,又该如何做呢?一般来说,人与人之间如果发生了这样的事情,双方的情绪都很激动,而且,如果一方得理不饶人,就有可能使冲突继续升级,甚至到最后发生恶性的事件。这都是完全有可能的。也可能正是因为这一点,我们每一个社会都有自己的道德和法律规范,用这些来进一步地约束人的行为。这样的社会才是理性的社会。

如果我们在与别人相处时发生矛盾,只要不是原则性的冲突,就不要使事态进一步扩大,双方都能抱着一种息事宁人的态度,没有解决不了的矛盾。正所谓"得饶人处且饶人"。

同时,在双方发生矛盾、产生争执的时候,由于双方的情绪都比较激动,可能会说出一些伤害对方的话来。这也是人之常情,完全可以理解,但有一点我们却必须记住:即使发生了矛盾,产生了争执,也要给别人留足面子。

涉及个人隐私的。尽管他的隐私可能已经不再是隐私,成了公开的秘密,但你却要坚守这个"底线"。这样也显得你很有风度。

涉及对方生理缺陷的。这是一块永远好不了的伤疤,对方会时时小心地捂着,如果你攻击对方这一点,等于要把他彻底地激怒。这时,他就会以百倍的力量来反击你,使你没有了退路。记住:兔子急了也会咬人。

许多人说话喜欢添油加醋,但是这样子对当事者是很不好受的。有的人与被谣言困扰的当事者相处时,态度上也有些不自然，或许也由于这个原因而影响到两个人工作上的合作。

每个人都有自己的思想及嗜好，也都拥有自我意识。因为这个社会的形成是聚集了各式各样不同的人，当然就会发生很多对立的情况。人类社会就像是个许多问题的集合体。办公室内假如产生了意想不到的谣言，可能会影响到工作上的信誉，甚至会影响到个人的前途。

有没有误会对方？即使在看一个人的时候，也常会因所看到的某一部分而产生误解。如果是这样的话，重新整理自己的思绪，就能解决了。

是不是完全不了解同事而自己妄加揣测呢？有时候，同事无心的一句话，在你听来却变得过于严重。你怎么对别人，别人就怎么对你。可能因为你的态度不好，而使得同事也不得不与你对立。

对立的原因为何？事出必有因。如果能了解具体的原因，就能对症下药，消除对立。

同事的真意是什么呢？是个性本来就如此？还是一时兴起？应努力从同事的表情、态度、说话的语气来了解同事的本意。不对立不行吗？我们不能视人际关系为轻易妥协的产物，但是我们必须了解到，为了微不足道的事情而对立，是相当愚蠢的事。

用善意的表情和态度对待同事。同事以善意的态度对待我们时，我们也要极力地回应同事。如此一来，相互共事就会越来越默契。不过，无目的的傻笑反而会招来反感。如果能用自然开朗的表情面对同事,同事也会有善意的回应。努力去做到不要让同事采取抗拒的态度。

注意说话的语调。即使你用多么华美的词句,语调不当仍会使其效果大打折扣。所以有没有说出凶狠的话或声调,都是要非常小心注意的。

大声地说赞成。比如在会议等场合,如果对立的同事提了一个很不错的提议,这时你就要趁机毫不犹豫地表达赞同之意。而且,最好能将你同意的原因也清楚地讲出来,这样一来,才不会被人认为是在迎合某人。

缓冲一下,称赞同事。对立的同事,也会有其良好的人际关系。如果有机会和他的朋友聊天,就多说一些有关他的事,特别是多说一些他的优点。如果当着他的面直接说,会令人觉得是装模作样,或是有什么企图,而通过第三者传话,就会显得很真诚。

他忙的时候,伸出援手。对立的同事如果工作量多得忙不过来,或是有不知如何处理的难题正在苦恼时,你就要积极地表现出乐于帮忙的意愿。

如果你期望你的人际关系不会恶化,那么,不要让任何机会从你眼前溜过。

赞美创造和谐

在实际生活和工作中，如何和同事相处，并非如我们想象的那么简单，其中也有许多人陷入了求全责备的误区。

每一个人都希望受到周围人的称赞，希望自己的真正价值被认可，对于别人肉麻的奉承、巴结会感到恶心，然而却渴望对方发自内心的赞扬。鉴于此，我们不妨遵守“黄金原则”：

“希望同事对我们如何，我们就对他们如何”——发自内心的称赞他。

林肯曾经说过：“人人都喜欢受人称赞。”威廉·詹姆士说过：“人本质中最殷切的需求是渴望被肯定。”美国钢铁公司第一任总裁夏布先生也曾说过一段意味深长的话：“我想，我天生具有引发同事热情的能力，促使人将自身能力发挥至极限的最好办法，就是赞赏和鼓励。来自长辈或老板的批评，最容易葬送掉一个人的志气。我从不批评他人，我相信鼓励是使人工作的原动力，所以我喜欢赞美而讨厌吹毛求疵。如果说我喜欢什么，那就是真诚、慷慨地赞美他人。”这就是夏布成功的秘诀。

同事间不要以自我为中心。每个人都想引起别人注意。

所以,当你和同事交谈时,不能一味把自己看作中心,必须充分注意:

要表示出先注意“对方”,然后再提到“自己”。

把对方放在主要地位,而把自己放在次要地位。

多用引起对方注意的词句,让他感到你值得信赖。

表示对对方的话感兴趣,这本身就是对对方的赞美。

在对方遇到困难时,要表示出对他的关怀之意。

使劲说“咱们”。当你和同事在一起时,如果你不想让同事疏远你,要学会说“咱们”。因为这十分微妙。在汉语中,用“咱们”是指包括谈话的对方,而用我们既可以包括谈话的对方,也可以不包括谈话的人。所以说“咱们”,对方会不知不觉和你找到共同的感觉。

从心理分析的角度来说,在人的思维中是排斥“你是你,我是我”的言辞的,而是倾向于“群体”。如果群体当中有你,这个群体给你温暖感和保护感,你自然就不觉得孤单和寂寞了。因此,在工作当中,如果有人发现自己的行为与大众不一样,心里就会感到不安。

避免错误的称赞。爱美之心,人皆有之。人人都喜欢美的事物,但称赞时机和场合必须恰当。

假如有人当众夸奖一位女孩,其他的女孩可能会产生不满。“吃醋”的心理不仅男人有,女人也有。尤其是对女同事或女同学,最好能不当其面夸奖其他的女性,因为她们对这类问题十分敏感。

赞扬同事要把握尺度。不要过分地赞扬同事,那会给人一种奉承的感觉。假如听了你的称赞后,连同事自己都觉得害臊,那种赞美还不如不说为好。所以,称赞要以平常的口气说出来。

如何和同事相处,看起来似乎是一个很简单的问题,但在实际生活和工作中,并非如我们想象的这般简单,其中也有许多人陷入了求全责备的误区。

你可能在生活中听到过类似这样的话语：

“他怎么能跟我们搞这个项目，瞧瞧他那副清高的样子！”

“他性格太孤僻,进我们公司不合适。”

“这个人个性太强,不适合到我们这来。”

俗话说,“金无赤足,人无完人”。生活、做人的道理我们都懂，但一遇到具体的事情，我们却常常犯类似上面的错误,要求他尽善尽美,没有缺点和不足;一旦发现或意识到同事身上有缺点和不足,就开始求全责备,由于对对方身上的一些无关紧要的方面看不顺眼，而拒绝同对方进行很有价值的或者很有意义的合作。这种由于非本质的好恶而排斥同对方合作的做法,是一种生活上的失利,是事业上的一种挫败。

是的,清高、孤僻、个性太强,这些都是缺点和不足,然而问题是,这个人身上有着你这项工作、这笔生意、这个项目所需要的优点和长处,后者才是他这个人的价值所在。所以,当遇到类似这样的问题需要我们做出抉择的时候,你首先要考虑的是你的工作、生意、项目,而不是你的同事身上这样或那样的缺点与不足;同时,当你对同事求全责备的时候,你也该想想,你也不是完人,也并非十全十美。这个时候,你要想到你与同事只是“有限合作”。

所谓“有限合作”,是指社会成员之间在某一方面或某种程度上的合作。如对某项学术问题的共同兴趣,对某项技术的合作开发,以及生意上的买卖合作,等等。为了实现这种“有限合作”,我们就可以忽略一些次要因素。

不学礼无以工作

一个人需要有礼貌，这是做人的根本，也是工作的需要。

礼貌，既是对他人的尊重，也是对自己的尊重。

待人讲礼貌可概括为六个字：文雅、和气、谦逊。

文雅，是指要学会日常生活中常用的“您好、谢谢、再见、请多包涵、真对不起”之类的礼貌用语；表现在行动上就是礼让。

和气，就是要以理服人，心平气和地同别人讲话，不能强词夺理，恶语伤人。在香港，政府推行“公务员礼规”，规定说话必须和气、有礼节，如警员检查完人们的身份证后会客气地说：“打搅了。”

谦逊，就是多用讨论、商量的口吻说话，不盛气凌人。客人来了，热情招呼：“您请坐！”送客时说一声：“希望您一定再来！”谦逊的语气，让人乐于接受。

在街上行走有交通规则的制约，在公司走路也有它自身的一套规矩。不遵守这套规矩，就会显得失礼，轻则使人认为你是一个不拘小节的人，重则会使人认为你不懂礼貌、缺乏修养。所以说走路看似简单，却能够从小见大，从细微处而见一个人的全部。因此，必须引起我们的注意。

我们每天都要几次甚至几十次开门关门。有人会说,谁还不会开门?这么简单的一件事,怎么会有那么复杂?孰不知,开门也是有学问的。特别是公司的员工,从开门中也能体现出个人的修养。

当需要进入别人的办公室或会议室时,要轻声敲门,得到允许后,轻轻推开门,门柄在右则用右手去开,门柄在左则用左手去开,不可扭着身子开门,进门后要注意不可反手关门,正确的关门方法应是面向门轻轻地关上,不可使劲关门,更不能使门发出大的声响。

当我们的任务是陪伴客人同行时, 应将来客领到房门的前面,打开门先让客人进去。如果门是向外开的,应把门向自己的方向拉开,请客人先走;如果门是向里开的,应把门推开,自己先进,并扶住拉手,不让门动,再请客人进去。如果是大厅的旋转门,应该自己先进去,不要再推让客人。

如果需要使用电梯时,同行的无论是客人还是上司,如果有服务人员,应请客人或上司先进,如果没有服务人员,自己则应先行一步,走进电梯按住电钮,待上司或客人进入后,再启动电梯。下电梯时,应该让上司或客人先行离开电梯,自己后出去。如果有急事需要赶时间,可向上司或客人打招呼,然后再早走一步。

坐车也应讲究礼节,了解车怎么坐很有必要,只有在车上找准自己的位置,在工作中才能明确自己的职责,在各种场合中游刃有余。当与上司或客人一起乘车时,如果乘坐的是前后两排4个座位的轿车,一般司机侧后靠门的座位是上座，是主宾的位置；司机正后面的次之，是主要陪同人员的座位；司机旁边的位置是最低级的座位，一般是由秘书、向导或警卫人员来坐。有些人习惯把上司让到司机旁边的座位，这是不对的，很多的上司都不会接受这个位置。上车时，应请上司或客人从右侧门上车。陪同者要从左侧门上车，避免从客人座前穿过。如果上司或客人先上车，坐到了陪同人员的位置上，也没有必要请上司或客人挪动位置。下车时由下属员工先下车，打开车门等候其他人下车。

与女性一起乘车时，不论她的职务高低，一律先让女性上车，男性坐在她的左边。如果是由主人亲自驾车，客人要坐在司机旁边的位置上，以表示对主人的尊重。

乘坐飞机或火车时，靠窗的位置是上座，向着前进的方向则更好。如果火车是四人对座，向着前进方向靠窗的是第一位，对面的是第二位，第一位的旁边是第三位，对面的是第四位。如果是六人对座的位置，前进方向的中间为第五位，对面的为第六位。

员工要在日常生活中多观察、多留意与他人相处时的礼节，才能处理好路怎么走、车怎么做这些看来微小但影响很大的事情。

我们在职业生涯中，无论是工作还是社交，都少不了喝酒的场合，有时是要宴请别人，有时是被人宴请，有时是陪客，有时是业务应酬，不同的场合喝酒的规矩是不同的，不懂这些规矩，就不能算是一个合格的员工。因此，酒怎么喝也要当成一门学问去研究。

入席时，要坐得端正，双腿靠拢，两脚平放在地上，不宜将双腿交叠压在一起。双手不可放在邻座的椅背，或把手搁在桌面上。

未上菜时，不可玩弄杯、筷，或频频起立、离座。

夹菜时，筷子不可在碟中乱搅一通或专挑可口的来吃。用汤匙舀汤，不要盛得太满，以免洒在桌面上。

进餐时，不宜高谈阔论，吃食物时，尽可能将嘴巴闭合，吃时不要发出嚓嚓的声音，如要打喷嚏、咳嗽，应马上掉头向后，拿手帕掩口。如果你在那天伤风咳嗽，最好不要去赴宴，因为在席上频频咳嗽不仅失礼，而且影响宴会气氛。

吃完之后，应该等到大家都放下筷子，或者主人示意方可散席，不能没等别人吃完饭就随便离开。

喝完酒后，便可以告辞，这时主人已经站在门口准备送客了。你可以随着众客人走到主人面前，握一下手，说声“谢谢”便可，千万不要拉着主人的手说个没完没了，即使你有很多话要跟主人说，也该等他日有空再谈，免得妨碍主人送客。

在公司活动和交往中，名片的使用范围很广，名片的使用也有讲究，不按规则使用就达不到应有的效果。

在你给别人递送名片时，态度要恭敬，表示对方能够接受自己的名片而感到很荣幸。如果对方职务较高或年龄较长，应双手捧着递过去，一般的人，用右手递送即可，但态度应庄重大方，动作要轻缓，可以同时说：“请多关照”“多多联系”等比较客气的语句。递名片时目光应正视对方，不要显出漫不经心的样子。如果随上司到别处去拜访，需等上司介绍后，再递出名片，如果对方递过来名片，要先收好后再递出自己的名片。对交换名片最好有准备，应经常检查名片夹，补充自己的名片，以免出现因没有名片而无法交换的尴尬局面。应把名片放在易于掏出的衣兜里，不要装在裤子后面的兜里，使人感觉到你不尊重对方。不要把名片和其他杂物混在一起，也不要把自己的名片同他人的名片放在一起，不要把折了角或有污点、破损的名片递给他人，这样有损于你的形象。

当别人送你名片时你也要注意礼节，当对方掏名片时你就要做出很感兴趣的模样，接名片时应以双手去接，接过名片后要认真地看一遍，再确定对方的姓名和职务，然后郑重地装入上衣上方的口袋里，若有名片盒，可以直接放入名片盒里。切忌一眼也不看，就装入口袋，更不要顺手扔在桌子上，或往放在桌上的名片上压东西，这样会使对方产生被轻视的感觉。有的人会不小心把对方的名片掉在地上或把名片夹在笔记本里，这些都是不礼貌的举动。收到他人的名片时，需要说“很高兴认识您”“有机会一定登门拜访”“谢谢”等谦恭用语。

电话已成为公司和外界以及内部之间交往频繁使用的工具。尤其是在公司的业务交往中，电话使用的频率要比其他通讯设施高出许多倍。在公司使用电话，与在家中使用的情形有所不同，有许多规则需要遵守。

在打电话时，要注意保持礼貌，因为公司里的电话交谈对象，绝大多数是公司生意中往来的客户，或是潜在的客户，所以在接听电话时，虽然不清楚对方是谁，但也要表现出应有的礼貌，给每位来电话的人或接听电话者留下美好的印象。

在打或接听电话时，说话的声音要清晰、明亮，语速适中。不要过于大声，或说话的速度过快，或吐字不清、发音不准等，这样容易使对方造成误听或理解偏差。

在与对方通电话时，应先确认对方的身份，而后了解对方目前的情景，然后要开门见山地把要交谈的事情告诉对方，使对方明白交谈的内容，可以顺利地进入正题。

打电话谈业务有一定的局限性，对于复杂的业务，如不能够清楚地说明，在使对方明白大概意思时，告知对方随后会寄去更为详细的说明，这样业务才能容易沟通。在与对方交谈时，无论你是多么认真地在倾听对方的谈话，如果一直默不作声，或没有丝毫的反应，也会使对方感到困惑，因而，在聆听对方谈话时，要不时地附和，使对方明白你在认真聆听。

一个人需要有礼貌，这是做人的根本，也是工作的需要。在家里对父母、兄弟姐妹要有礼貌；在学校对老师、同学要有礼貌；在单位对老板、同事要有礼貌。

会做人就懂得默契

如果你把快乐带给一个同事，你将得到两份快乐；如果你把忧愁分给一个同事，你将会消减掉一半的忧愁。

合作的最高境界是默契。同事之间相处得非常投缘谓之"心心相印""心有灵犀一点通"。

任何一个职业工作群体，都是由一定数量的成员构成的。他们由一定的目标、任务结合在一起，共同工作以至共同生活。这样，群体的成员之间就有了各种各样不同于群体外的个人和人群的关系。

员工要想把一件工作做好，绝不能一意孤行，更不能以个人利益为前提，而须经过不断地协调、沟通、商议、集合，才能有众志成城的力量。一个合格的员工只有以整体利益为出发点，才能让公司和个人都满意。

你生活在职业群体中，要在这个群体中得到物质和精神上的满足。你发展如何，在一定程度上也受你职业群体关系的左右。生活在团结协作、平等竞争的职业群体中，工作会心情舒畅，才能会得到充分的发展。工作在钩心斗角、嫉贤妒能的职业群体中，你就会减弱工作兴趣，表现不出应有的才能。而任何一个职业群体内，没有矛盾和冲突是不可能的。一个好的职业群体不在于内部没有矛盾和冲突，而是矛盾和冲突能够得到及时、良好的解决。你必须面对群体现实，协调处理好上下左右的职业群体关系，避免成为众矢之的或不受群体欢迎的员工。

同事间的默契是现代工作中彼此最大的精神享受。它诱惑人，吸引人，感化人，陶冶人。它不但激励你的斗志，鼓舞你的力量，更净化你的灵魂，正如李白在《扶风豪士歌》中写的："扶风豪士天下奇，意气相倾山可移。"同事间的默契可以产生移山倒海之力。

同事间的默契是情绪的兴奋剂——温馨情感，消融忧愁。它有着一种极为普遍的作用：如果你把快乐带给一个同事，你将得到两份快乐；如果你把忧愁分给一个同事，你将会消减掉一半的忧愁。

同事间的默契是高级染料——近朱者赤，近墨者黑。它在个性、为人处世、生活方式、思想观念等方面具有很大的潜移默化的作用。在人类思想史上，由马克思和恩格斯共同演奏出来了一曲雄壮的动听的友谊协奏曲，可以说是两位导师在长期的共同合作中，彼此的思想相互同化为一个更伟大的思想后，才为人类诞生出一部完整辉煌的《资本论》。当马克思溘然长逝时，恩格斯毅然放下自己筹备七年之久的《自然辩证法》的写作，全力以赴整理马克思的遗作，继续完成《资本论》的写作及出版工作。柯切托夫说："如果你周围是一群鹰的话，那么你自己也会成为一只鹰；如果你在一群山雀中间的话，那么你就看不到海阔天空。"可见，要想考察一个人，只要了解一下与他默契相处的几位同事就可以了。

同事间的默契是才智的催化剂——启迪思维，增进智慧。默契能使人摆脱黑暗混乱的胡思乱想而走入光明与理性的思考。这不仅是因为彼此的思想交流可以使你的混乱思维“云开雾散”,而且可能任何一种轻描淡写的开导,都能成为你撞击智慧火花的燧石,激发你的创造灵感,使你对事物的认识茅塞顿开,触类旁通。

同事间的默契是工作的蜡烛——牺牲自己,照亮别人。每个人的周围都会有一群形形色色的同事。然而,能在你最需要他时助一臂之力,甚至为你付出重大代价的能有几人?默契是彼此心途畅通、情感交融的灵犀,唯有同事间的默契才能拍摄出两个独立自我之间相互和谐、相互提携、相互融洽、相互引领,赋予自我牺牲精神的全景。

友谊不是负担,默契的同事愿意热忱、竭尽全力地分担彼此面临不幸的重负。我们总是喜欢听好消息,默契的同事却更愿搜寻来自同事那儿的坏消息。怪哉!见怪不怪。默契已使彼此体察到掩盖在笑容后面的不幸。因为,情感契合越深,越是在同事面前善于克制自己的真实情感,而他的内心深处却仍然希望同事能够与他同舟共济,帮助他渡过难关。甘愿成为同事不幸时的“119”,会使我们更加关心同事的一切,并使这种关心更加纯洁。

第五章

勤奋

你要是怠惰，没有人会拯救你

与其空想，不如马上就动手做

当你养成“现在就动手做”的工作习惯时，你就掌握了勤奋与进取的精髓。

现在就动手做吧！

这句话是最惊人的自发启动器。任何时候，当你感到拖拉的恶习正悄悄地向你靠近，或者当此恶习已迅速缠上你，使你懒得动弹时，你就需要用这句话提醒自己。

总有很多事情需要去做，如果你正受到怠惰的困扰，那么不妨就从碰见的任何一件事着手。至于是什么事并不重要，重要的是，你突破了无所事事的恶习。

如果你此时正想规避某项杂务，那么你就偏偏从这项杂务着手，立即进行。否则，问题还是会不断地困扰你，使你觉得烦琐无趣而不愿意动手。

当你养成“现在就动手做”的工作习惯时，你就掌握了勤奋与进取的精髓。

你的工作能力和工作态度，决定你的报酬和职务。那些工作效率高、做事多，并且乐此不疲的人，往往担任公司最重要的职务。当你下定决心永远以积极的心态做事时，你就会变得勤奋起来，你就朝自己的远大前程迈出了重要的一步。

一开始,你也许会觉得坚持这种态度很难,但最终你会发现这种态度决定了你的个人价值。而当你体验到他人的肯定给你的工作和生活所带来的快乐时,你就会一如既往地用这种态度做事。

勤奋的人不肯拖延,他们觉得生活正如莱特所形容的那样:“骑着一辆脚踏车,不是保持平衡向前进,就是翻覆在地。”效率高的人往往有限时完成工作的理念,他们规定做每件事所需的时间,并且强迫自己在预期内完成。即使工作并没有严格的时间限制,也应该经常训练自己完成任务的时间观念。当你发现自己能在短时间内做更多的事时,一定会为自己表现出色而惊讶不已的。

如果你希望一件事能快速而圆满地完成,那么你就做一个勤奋而忙碌的人吧。

那些怠惰的人,他们乐于滥竽充数和坐享其成,甚至完全不了解自己处理事情的真正能力。他们不愿面对挑战,不愿在挑战中激发自己的最大潜能。人们在面对一件自己感兴趣的事情时,无论多么繁忙都能腾出时间去做;但是,面对那些无趣的工作时,我们就会产生一种抵抗的情绪。

不论做什么事,成功的关键在于行动之前对自己有什么样的期望,定什么样的目标。

你应该懂得,你用什么样的标准衡量自己,别人就会用什么样的标准来评估你。爱默生说:“紧紧追踪四轮车到星球上去,要比在泥泞道上追踪蜗牛行迹更容易达到自己的目标!”

人生要想成功，就要一点一滴地奠定基础。先给自己设定一个切实可行的目标，然后用勤奋之舟去摆渡，确实达到之后，再朝向更高的目标进发。

现在就动手做吧！

勤奋使人生完美

理想使痛苦生辉,勤奋使人生完美。

人生中任何一种成功和任何一种幸福的获取,大都始之于勤而且成之于勤。

勤,劳也。无论劳心劳力,竭尽所能黾勉从事,就叫作勤。各行各业,凡是勤奋不怠者必定有所成就。

勤,总是同“苦”字联系在一起。甘于吃苦,勤奋努力,尽管有时还没得到成功的报答,却先已磨炼了我们的意志,培养了我们的坚韧,这不也是一种收获吗?

在当今形势下,有形财产是不可靠的,可靠的是那些永远属于自身的——学问、技艺等无形财产,这些是终身不会被人剥夺的东西。而这些人生资产必须靠勤勉努力才能获得。

所以,我们需要进一步对真正财产的价值判断,有所认识和分析才行。

一个人,不管他曾经犯了什么错误,如果他勤奋劳动,努力工作,单就这一点也是比较令人欣赏的。在职业场所方面,勤勉努力的工作人员也是被优先采用的,有着勤勉习性的员工也比较容易拿高薪或奖金。

人们应在年轻的时候,就培养“勤勉努力”的习性。到了年纪大了,想改变懒惰而变得勤勉,就很困难了。所以,必须自年轻时就养成勤勉的习惯才行。

日本最成功的企业家之一松下幸之助说：

“我在当学徒的七年当中,在老板的教导之下,不得不勤勉从事学艺,也不知不觉地养成了勤勉的习性。所以被他人视为辛苦困难的工作,而我自己却不觉得辛苦,甚至有人安慰我说‘太辛苦了’的困难工作,我却反而觉得很快乐。

“青年时代,我始终一贯地被教导要勤勉努力。当时我想,如果把勤勉努力去掉,那么一个年轻人还所剩几何?因为年轻人有所期望，才需要勤勉努力；此乃人生之一大原则。

“事实上,在这个社会里,对有勤勉努力习性的人,不太被人称赞是尊贵或者伟大,也不会认为他很有价值。因此我认为大家应该无所顾忌地提升对具有这种良好习性者的评价,这样才算真正对勤勉习性的价值有所认识。”

当然,勤要勤在点子上,这是当今时代勤奋的特点。既要保持自己勤劳不懈的好作风,又要勤于研究,勤于寻找巧干的门路,选择一个最佳的突破口,使成功更易于可望且可即。

但是,成功也可能成为勤奋的坟墓。有人做过这样的统计,诺贝尔奖金的获得者获奖后的成就、论文篇目等远不及获奖前的一半，也就是说这些曾经的成功者其勤奋精神远不如从前。

可见,勤奋如果不是抱有远大的目标,那就很难持之以恒。不是因挫折而怠惰,就是因成功而松弛。

年轻的朋友,请把眼光望远一点,再望远一点。要看到自己与先进的差距,与时代和人民要求的差距,让这些差距变成动力,使你重新振作,继续勤奋,永不满足。

正因为这样,有远见卓识的人总是对成功的美誉漠然置之,生怕妨碍了自己继续前进,不让自己的生活太安逸,以保持一种勤奋进取的精神境界。

居里夫人获得诺贝尔奖之后,照样钻进实验室里埋头苦干,实际上,她和许多著名科学家都有同感:人生最美妙的时刻是在努力和艰苦探索之中,而不是在庆功宴席上的喧闹恭维中。

从这个角度来看,勤奋的努力又如同一杯浓茶,比成功的美酒更于人有益。一个人,如果毕生能坚持勤奋努力,本身就是一种了不起的成功,它使一个人精神上焕发出来的光彩,绝非胸前的一打奖章所能比拟。

生命的意义不仅仅是活着,而是要为这个世界做出些什么,留下些什么。每个人都会留下点什么,其成分与价值会因你的目标、你的勤奋程度而截然不同。

一般来说,存在是容易的,存在的内容却是极其严峻的选择——你是否有一个远大宏伟而又实实在在的目标;你是否有科学、缜密而又合乎实际的方法;更主要的在于你是否具备不屈不挠的勤奋精神——这一切决定了你存在的意义。

理想使痛苦生辉,勤奋使人生完美。

幸福的人生不是安逸中的空想，而是踉跄中的执着，重压下的勇敢，逆境中的自信，艰苦中的勤勉和奋发，是在任何环境下都具备的自我适应、自我调解能力。

靠实干赢得进步

绝大多数人是靠实干赢得进步的，这也是事实。靠实干赢得进步，才有做人的尊严，才能受到他人的敬佩。

有些人受社会上流传的“干得好不如关系硬”“辛苦干一年，不如老板家里转一转”等歪理的影响，片面相信关系是万能的，导致价值取向和思想道德标准发生偏移，曲解了做人的真谛，把做人之道庸俗化了。如何做人，可以反映出一个人的工作态度、道德情操和思想境界。我们不否认身边确有极少数人靠拉关系得到“回报”和“好处”，但绝大多数人是靠实干赢得进步的，这也是事实。靠实干赢得进步，才有做人的尊严，才能受到他人的敬佩。

有些人尽管工作干得不错，但却对老板吹吹拍拍、请客送礼，同样会让他人瞧不起，因为仅有“才”是不够的，人们看重的是德才兼备。更何况，靠关系得到的好处只是暂时的，不可能终生受益。当依靠的关系失去作用力时，好处也就没了。由此可见，认为做人须凭关系，实在是一种本末倒置。当然，光说“老实人终究不吃亏”是不够的，还必须让那些实干而不拉关系的人真正“香”起来，让那些看重关系和拉关系的人确实捞不到好处。作为老板，如果眼睛只盯着和自己亲近的人,实际上就是对拉关系者的纵容。因此,要端正一些人的做人之道,既要靠正确引导,帮助他们认清做人的真谛,同时还要坚持正确的用人导向。只有这样,才能营造一个"进步靠实干""实干者吃香"的环境。

做人莫庸俗,实干非傻干。因此,一定要让上司和老板知道你对公司的利益有贡献,但不可过分夸张,以免给人虚假印象。

有位学者说,人的工作中总是假中有真,真中有假,最令人厌恶的倒是半真半假。在真和假面前,相信人们会向真靠拢。世上有以金钱财富为荣者,有以职称名誉为荣者,有以文凭服饰为荣者……其实，这些东西都不能真实地确证一个人的真实价值。如果一个人不是通过自己的劳动和创造，为社会和他人做出自己应有的贡献；如果不是坚持正直、诚实、高尚的人格,那么一切财富、地位、职称、文凭、服饰,以及华而不实的"知名度",都不过是掩盖其真相的假面具。俗话说:发光的并不都是金子。我们还是应该分清工作的真实和虚假,力求真实而高尚的工作作风。

日本一位经济学家指出:关于工资与工作的相互关系,人们站在不同的立场,有种种议论。但是,有一点是肯定的,那就是:人们的喜悦,不是只靠金钱就能得到的。工资可以减少人的不满,但不能增加人的满足感。应该说,能够增加人的满足感的,还是工作本身。

不管什么工作,如果能够自发地、自主地去进行,人们就会从中感受到工作的意义。比工作的种类更重要的是进行工作的方式。

今天,有一种说法很流行:光有埋头苦干的精神不行,还得会搞关系。许多人认为现在学会做人比干好工作更重要;会“做人”的人吃香,而一门心思干工作的人不过是在“傻干”,得不到一点好处。有人还结合自己的亲身经历得出了“光靠实干要吃亏”的结论。为什么有人会欣赏“既要干工作更要拉关系”的观点呢?问题恰恰出在没把“做什么人”“做老实人是否吃亏”等问题搞清楚。

当然,把眼前的工作做好,这是符合公司的短期利益的,但是,仅仅这样做是不够的。为了能获得升迁,你还必须有更远大的目标。

工作和求学一样,犹如逆水行舟,不进则退。因此,守业并非长久之计。如果从战略战术的角度考虑的话,进攻才是最好的防守,仅凭防守反而不容易巩固已有的成绩。

任何一家公司,都需要一班既能有效完成眼前工作,又能为公司的将来做好打算的员工,以便靠他们制定和实现一系列更远大的赚钱目标。

从零开始，做一个快乐的“勤务员”

只有做好分内的事，表现你踏实肯干和乐天愉快的品格，才会给上司和同事留下好印象。

即使你满怀理想抱负，在学校时很优秀，自我感觉好极了，可当你成了企业或公司的一员后，就要注意掌握好自己的感觉。因为你所着手的工作对你来说还是陌生的，而其他先到的人在很多方面都比你要熟悉和在行，在新的竞技场你处于起跑线上，所以你要有从零做起的心态，放下自己的面子，承认自己在某些方面的无知，从最低的起点做起，虚心请教，埋头学习和苦干。

在你刚上班时，上司对你的能力和学识要考察一段时间，大都不会委你以重任，而是往往让你做那些琐碎的杂务。比如拷贝文件、填写简单的表格、跑腿送材料之类的事，这在你看来实在是大材小用了，与在校时所想的完全不一样，可恰恰是这些事能帮助你尽早地熟悉工作。只有做好分内的事，表现你踏实肯干和乐天愉快的品格，才会给上司和同事留下好印象。这就要求你必须具备从零做起的心态，才不至于心灰意冷、怨天尤人，处处碰钉子。也只有先做好眼前的小事，你才有资格接受负有重大责任的工作，上司和同事才会把担子交给你。

你是不是觉得不得不为而为之,于是被动地接受工作,而用应付的办法来打发呢?还是兢兢业业,做个快乐的"勤务员"?如果是前者,你就会觉得这差事太没意思了,提不起热情,也就很难从中学到什么。所以你还必须有良好的心境,你所要处理的事务很繁杂,就像是连队里的勤务员,那么你就让自己做个快乐的"勤务员"吧。在工作时怀着快乐之心,会使你想着怎样把每件小事做好,就像你想着怎样把领带系得更好更潇洒一样;从中你会学到许多在校园里学不到的东西,积累自己的经验,为自己的脱颖而出打下坚实的基础。

做个快乐的"勤务员",会给你的工作环境带来宽松和谐的气氛,使周围的人对你产生好感,特别是上司会觉得你是"孺子可教",比起那些总是抱怨自己被大材小用,不愿实实在在做好小事情,整天给上司脸色看的人,你已是先"走"了一着妙棋。有了更多的机遇,以后上司如果要委以重任,首先会考虑到你。所以,即使从"实用"的角度出发,做个快乐的"勤务员"不仅不会让你失去什么,反而会使你受益匪浅。

第六章

心态

唯有积极的心态才能带来积极的行动

形成积极工作的个性

无数事实和许多专家的研究成果告诉我们：每个人身上都有巨大的潜能没有开发出来。

茫茫宇宙，一切星球都在各自轨道上独立运行着，显得有条不紊、井然有序。这是因为它们并非都是无拘无束的流浪汉，而总是有着自己固定的"国籍"——星系。每个星系都拥有对星系成员的强大约束力——向心力。

生命的运行亦如此。我们透过纷繁复杂的工作行为也能找到运行的生命之内核——积极的个性。而这个内核并不是与生俱来的，而是在工作中逐渐形成的。从混沌到有序，这是一个长期历练与磨合的过程。

心理学家与成功学家对1000名工作成功者进行调查、研究，历时长达两年之久，归纳出这些成功者们走向成功的几个因素，这些因素可以归纳为一点：

他们都在做人方面具有积极的个性，能够从创业开始到成功都保持积极的自我认识、自我评价、自我控制以及自我期待。

为什么积极的个性能够产生如此神奇的力量呢？

无数事实和许多专家的研究成果告诉我们：每个人身

上都有巨大的潜能没有开发出来。美国学者詹姆斯据其研究成果指出:“普通人只发挥了他蕴藏潜力的1/10，与应当取得的成就相比,我们不过发挥了一小部分能量,我们只利用了我们身心资源的很小一部分……” 既然人人都有巨大的潜能,为什么实际工作中人与人却有千差万别呢?这当然是由于心理态度与努力程度不同所决定的，也和所受的教育和所处的境遇不同有关。只有具备积极的个性,一个人才会知道自己是个什么样的人,并知道能够成为什么样的人。因而他能积极地开发和利用自己身上的巨大潜能，干出非凡的事业来。罗斯福曾说过:“杰出的人不是那些天赋很高的人，而是那些把自己的才能尽可能地发挥到最大限度的人。”

从行为学的角度来说，积极的个性能使一个人的行为更加有效。

首先,自身素质是行为发生的基础。积极的个性包含着对自身素质的清醒认识，而对自身素质的有意识运用能促进自我的发展。拿破仑就是清醒地认识到自己身上的“最出色的军事家的素质”,从而成为一名优秀的军事家。如果一个人缺乏自知之明,那么他的行为是低效的。设想:如果偏偏让数学家用严密的、无懈可击的逻辑思维来写诗,而让诗人用奔放热情的形象思维来演算,那岂不让人啼笑皆非?

其次,积极的动机对行为有推动作用。积极的个性也包含着“我将要成为怎样的人”的自我实现的目标,这是一种无形的动力。如海伦·凯勒所说的:“当你感到有一种力量推动你翱翔的时候，你是不应该爬行的。”拿破仑意识到自己要成为一个权力的掌握者时，他通过不懈的奋斗达到了这个目标。

现代许多人的一大通病就是缺乏自我实现的目标，为生存而工作，终日碌碌无为。

要想取得非凡的成就，就得拥有积极的个性。积极的个性，是养成自动自发良好习惯的前提和决定因素。

在工作中，对于不认识的人，你可以设法去结识。对于未知的世界，你可以积极地去探索。对于工作的巅峰，你可以大胆地去攀登。这些对于你来说都是极容易办到的事。但在此之前，你必须以工作的名义提高你自己的能力。

在迈向工作之路前，先别激动，先静下来想一想：在这个世界上，谁最让你自豪、激动、喜悦、苦恼、不安、揪心？再想一想，谁是这个世界上最重要的人？

其实，世界上最重要的人就是你自己。

试想，自从你来到了这个世界上，你的第一声啼哭为谁？你的第一步路为谁？你的第一次不满为谁？你的第一次激动为谁？不为别人，是为了你自己。你一次一次地为你放歌、为你激愤、为你抗争、为你学习、为你工作、为你奋斗，为你能创造更多的财富而奔波操劳，为你能拥有健康的身体而祈祷，所有的一切都是为你自己。

对你来说，这个世界上因你的存在而精彩，同样也因为没有你而黯然失色。

如果你要提高积极的个性，对你自己要有一个完整的把握，你还须从更多的角度来拷问自己的灵魂。为什么要用如此大的力气来提高你自己的个性呢？原因很简单，因为你是世界上最重要的人。

信心十足地工作

具有深厚而健全的自信心的人，都是人类的珍宝，因为他们能够把他们的活力传达给缺少活力的人。

信念是一切行为的原动力。

“人生是为成功,不为失败。”美国哲学家亨利·梭罗如是说。“自信是成功的第一秘诀。”美国哲学家、散文家兼诗人拉尔夫·爱默生宣称。

但是却有太多的人不相信自己，有太多的人甚而怀疑自己,不信任自己的能力,而损及于工作。

这些人认为自己缺乏适当的能力而无缘跻身于成功者之列。这种不快乐的人,这些不幸的“未具备必要本领”类型的人可以说到处都是，他们打击着自己，陷自己于失败之中。

我们只要认为我们能够做事，我们就可以真的变得了不起。具有深厚而健全的自信心的人,都是人类的珍宝,因为他们能够把他们的活力传达给缺少活力的人。

博特夫妇在澳大利亚拥有分布全国的连锁商店。

他们的房子漂亮得惊人而且很独特,位于雪梨港边,俯瞰着全市和港湾的景色，人目的是全世界最美丽动人的景观。从公路到他们家要搭乘一种小型私人缆车，而缆车即在各种奇花异草中缓缓升降。那时候正值澳大利亚的“冬天”，可是每种花都在盛开之中。

他们家里布置得极为漂亮可爱，宽大的落地窗门打开来是一处平台，下去就到了海港，那里停泊着他们的私人小型游艇。他们说之所以能拥有现在的境况，可以说只是因为遵循了一个简单的成功原则。男主人说：“如果这个原则可以为我创造奇迹，当然也一定能为那些真正相信和照着这个原则去做的人创造出奇迹。”

“我是非常平凡的一个人，”博特说，“我只有次等头脑。我父亲送我进一所一流的学校，而我的成绩很不好。最后，由于让老师们受了太多的痛苦，我离开了学校，没受到完整的教育。然后一个工作接着一个工作，我都保持了我的纪录——每一个工作都做不好。因为我是真正的平庸，我对自己没有信心。”

“我在澳大利亚国家现金记录器公司找到一个工作，”他继续说，“但我仍然受到我那已经定型的、一再重复的失败模式的伤害。后来从美国总公司来了一位充满活力的领袖，他发表了一篇演讲。”

“他告诉我们通往成功的基本因素是积极的想法，”博特以前从没有听说过这种说法，“他把这整个观念浓缩成一句话：‘你认为你行，你就行。’这一句话打进了我的内心，像一颗炸弹爆炸开来。他要我们在心里想像要成为什么样的人，并且相信内心的力量可以做到想要成为的人。那时我当场就决定要做个成功的人，并且从一个新的角度来看我自己。我开始为自己制定出未来目标，并相信我这个只具有次等头脑的人可以做到。后来我开始做生意，现在我们在澳大利亚各地都有连锁店。这都是因为我开始相信自己。我以前从来没有做到这点，如今我已变成了一个再生的人。”

英国女王伊丽莎白二世对这位澳大利亚商人也印象深刻，因为她封了这位“平庸的人”以爵位。你也可以得到如此的荣誉，只要你相信你自己，只要你有信心。

自信和自卑是一个人面对自己时的截然不同的心态。有的人无论在什么时候，无论在什么条件下，无论在干什么事，都对自己充满信心。这种人就是那些一步一步正登上工作成就峰尖的人。而有的人却恰恰相反，无论什么时候，在什么条件下，无论干什么事，都陷入了自卑而不能自拔，对自己已完全失去了信心，这种人则永远登不上工作成就的顶峰。这两种人面对自己时之所以会产生两种截然不同的判断，这完全是两种不同的心态使然。任何事物都有两面性，工作有成就者更喜欢积极向上的一面，平庸者往往只能看到消极悲观的一面。工作成就卓越的人看见的是自己的优点，平庸者看到的则是自己的缺陷。

任何人生下来不可能完美，通过努力仍然会有诸多遗憾。把任何人放在一群人中，群体中总会有人在某些方面非常显眼。相形之下，你的很多方面都会不如人愿，使你不满。然而工作成就卓越的人在群体中却能展示自己的优点，不断增强自己工作的信念；而平庸的人则把自己的缺点与别人的优点放在一起比长短，比来比去，只能强化自己的自卑感。

一个人能否卓越地工作，关键在于他的心态是不是积极向上的。工作成就属于那些永远保持积极心态的人。能否自信，能否抛弃自卑，就是能否在工作中创造出成就的关键。

自助者天助之

俗话说："自助者天助之。"真正的自助者是令人敬佩的觉悟者。

不能说命运是绝对公平的，但起码有一点是公平的，即它让你我和所有的人一样，都降生到了人间。

有人常抱怨命运的不公，总觉得上帝在跟自己过不去，其实，上帝给我们每个人的机会基本上是相等的。只是有些人把握住了机会，他成功了；而有些人没有把握住机会，甚至就不想去把握机会，所以他失败了。

所以，要抱怨只能抱怨自己！

有一个故事，曾经被人们反复引用：

有一位神职人员在洪水来临时，被困在了阁楼里。当洪水上涨到他周围时，他虔诚地向上帝祷告希望上帝来救他。

"上帝会救我的。"他告诉自己说。

很快地来了一艘船，船主叫这位神职人员游到那边去。

"别担心我，"他说，"上帝会来救我的。"

船上的人很不情愿地把船划走了。

洪水在继续上涨，并且很快就要淹过他的膝盖，离教堂阁楼不远处又来了一艘船，船上的救生员大声地让这位神职人员上船，但他仍然回答道："上帝会来救我的。"他更加虔诚地祷告。

就在洪水淹到他的下巴时,第三艘船划了过来,而且划到了离他很近的距离,但这位神职人员仍然大叫着说:

“不要管我,上帝会来救我的。”

那艘船也同样无可奈何地划走了。

几分钟之后洪水淹没了他的头,当他进入天堂之门后,立刻要求见上帝。他谦恭地问道:“上帝,我在人间的工作尚未完成,你为什么不救我?”

上帝一脸愕然,很纳闷地说:“哎呀,我还以为你想来这儿,我已经派三艘船去了,不是吗?”

上帝救自救者,给每个人以机会,让我们成功。剩下的就看我们自己是否给上帝这个面子了。

自助者天助之。真正的自助者是令人敬佩的觉悟者,他会藐视困难,而困难在他的面前也会令人奇怪地轰然倒地——这个过程简直有如天神相助。

真正的自助者就像黑夜里发光的萤火虫,不仅会照亮自己,而且能赢得别人的欣赏——当人们欣赏一个人时,往往会用帮助的形式表示爱护——好运气因此而降临。

人们相信,一个真正的自助者最终会实现他的成功,而所有帮助过他的人也会为此而感到欣慰。

如果自助者懂得报恩,人们就会给他更多的帮助,他因此可以更加轻松地面对工作和生活。

拒绝自卑

不管你承认与否，自卑者面对工作缺乏勇气,不能与强大的外力相抗衡,致使自己在痛苦的陷阱中挣扎。

有人说,自信的人最可爱,此话颇有道理。一个自信的男人,会使女人获得安全感;一个自信的女人,会使男人感到温暖安祥。自己瞧自己不顺眼，自己总觉得自己矮人一头,这就是自卑。自卑的人并不是自己想自卑,而是因为他们缺乏内心安全感。只有打破自卑的恶性循环才能逐渐建立自信。让自卑性格从你的工作中走开,你就会自信能够做好一两件事,并以此成为做大事的契机!

不管你承认与否,自卑者面对工作缺乏勇气,不能与强大的外力相抗衡,致使自己在痛苦的陷阱中挣扎。他们渴望着把“自卑”像一棵腐烂的枯草一样从内心深处拔出来,扔得远远的,或者把自卑重重地摔在地上,从此挺胸抬头,脸上闪烁着自信的微笑。

杰克也曾经是个自卑的人。但自从他开始从事心理咨询这个工作以来,他变得越来越自信了,这一点可以从参加会议时他坐的位置来证实——过去,他总是坐在旮旯里,即便对某些问题有看法他也不轻易发言；而现在他经常坐在前面,即使对会议主持人也敢发表不同看法。这种变化,当然是得益于心理咨询,在为别人排解心理困扰的同时,杰克获得了观察、了解、认识人的许多新角度和新方法,从而也更深刻地了解了自己和周围的人。

一个人如果品格低下,即使有权有势、金玉满堂,即使同事表面上不敢触犯他,背后也会对他嗤之以鼻的。可见,人格在同事之间的交往中具有一种特殊的力量。人们在工作中几乎都有这样的体会:两个知识、才能和地位相近的人,如果一个人格高尚,另一个人格低下,那么毫无疑问,人格高尚者会受到格外的尊重,而人格低下者,尽管我们不会否认他的知识、才能、地位和权力,但是绝不会崇敬他。因此,一个人在工作中要赢得人们的信赖、敬重,一方面要靠知识和才能,另一方面还要靠自己高尚的人格。

一个人在实际工作中,不论是地位比自己低的,知识比自己少的,还是所负责的单位比自己单位小的任何人,都应以礼相待、以诚相处。不但要通过自己的学识、才能去影响别人,尤其还要注意通过自己的人格去获得别人的尊重。

自卑者最大的原因就是缺乏自信!对自己若缺乏信心,你无法找到自己的强项,你就不可能成功、快乐。自卑感会阻碍你实现愿望,反之,自信却可以把你推向成功的巅峰。相信自己,信任你自己的能力。这种心态重要极了,因为这些都是你无须向外索求的成功资本,你若不去探求发掘这些资本,你也就放弃了成功。打败自卑感的最大秘诀就是将脑子填满自信。培养对自己的信心吧,这样一来,你将会有无往而不利的人生。

如何拒绝自卑、建立自信呢？

要构思你自己成功的形象，并将其牢牢地印在脑海中。不屈不挠地固守这个形象，不容它褪色。不要怀疑形象的真实性。这样最危险，无论情况显得多糟，都请随时想像你成功的画面。

每当消极的想法浮上心头，请马上采用一个积极的想法来与之对抗。

有意忽视每一个所谓的障碍，把阻力减小。分析面临的困难，尽量加以克服，千万别因恐惧而把问题看得太严重。

别过度敬畏别人，请记住：大多数的人虽然外表看上去很自信，其实往往跟你一样害怕，一样不信任自己。

找一个专家帮你找出自卑的主因。可以由童年研究起，认清自己对你有帮助。

如果遇到困难或遭到挫败，要拿出一张纸列出所有对自己有利的因素，这些因素不但可以让你变得积极，而且更能使你冷静、客观地面对问题。

确实评估自己的能力，然后努力再将它提高10%。别太自负，但要有足够的自尊。

相信你的能力无限之大。时刻不要忘记接受积极的思想，不给空虚、沮丧、疲倦留有侵袭的时间。

好员工肚里也能撑船

宽容,不仅是一种工作的艺术,更是一种做人的度量和人格的体现。

对别人宽容,那是理所当然的一件事。谁能没有闪失的时候,谁能没有不清醒的时候,谁能避免自己永远都不犯错误呢?一个人在遭遇挫折的时候,最需要的就是理解和宽容,而不是说教和责备。无论他的行为导致了如何恶劣的后果,既然他已经认识到了,那么就应该以一颗宽容的心来对待他。正是“知错能改,善莫大焉”。

如果说工作中忍耐多少掺杂了无可奈何的作料,那么宽容则是工作中发自内心的襟怀坦白。宽容别人也就是宽容自己,不苛求别人也就是不苛求自己。在这个过于拥挤的地球上,情感的润滑剂日见减少的情况下,人与人之间的正常联络则需要通过宽容的方便之门。

法国作家雨果说:“世界上最宽阔的是海洋,比海洋宽阔的是天空,比天空宽阔的是人的胸怀。”以肚量襟怀比喻人的宽容,歌颂人的气度,中外尽然。

宽容,不仅是一种工作的艺术,更是一种做人的度量和人格的体现。中国人自古以宽容为美德,故有“将军额上可跑马,宰相肚里能撑船”的说法。

宽容自己是一件很重要的事情。一直以来，我们都抱有这样的一种观点，一个人必须首先要学会爱自己。一个人在世上走，说到根本上，就是靠自己。如果自己都不去爱惜自己的话，指望别人更是没有希望的。所以，我们一向反对对自己尖酸刻薄。无论自己制定了怎样的目标，无论对自己有多么高的要求，都应该把握好分寸，不能和自己太过较真，不能给自己太大的压力。我们主张时时肯定自己成绩的原因也在于此。一个人要学会宽容自己的错误、自己的不足，不能因为一点点小失败就垂头丧气，或是自暴自弃，或是变本加厉地压迫自己，不达目的誓不罢休。这样的做法都是没有任何意义的。善待自己，是很重要的。把握好分寸，鼓励自己，或是向自己施加适度的压力，才是明智之举。

不能压迫自己，但是也不能纵容自己。宽容总是有一个限度的。不能因为爱自己、体谅自己，然后就无限度地原谅自己，给自己的过失找各种各样的借口。压迫和纵容是问题的两个极端，都应该是被我们杜绝的。

宽容自己，要做的就是不再计较既成的事实，对事实做适度的反省就足够了。不管事实有多么的严重，或者多么的牵动你的心思，都不重要，因为你没有能力再去改变什么。关键是要调整好心态，面对以后的日子。人要在能够把握住的东西上花费时间和精力，这才是有意义的。

我们需要博大的胸襟来宽容自己，去宽容他人。

没有“如果”

美国一个成功的推销员在回答如何训练推销员时说道：“我教他们做一个只想‘如何’的人，而不是做一个只想‘如果’的人。”

“如果”是一种假设，也是最容易挂在嘴边的借口。有的人在失败以后，有两个字经常挂在嘴上，逢人就说：“如果当初我不这样就好了”“如果当初我那样做好了”“如果我有这样一个上司就好了”……这不是对失败原因的正确总结，而是一种无可奈何的叹息。这样下去，只会使意志消沉，于事无补。

美国一个成功的推销员在回答如何训练推销员时说道：“我教他们做一个只想‘如何’的人，而不是做一个只想‘如果’的人。”

他指出了考虑“如何”和只想“如果”之间的差异。“想‘如果’的人，只是难过地追悔一个困难或一次挫折，悔恨地对自己说：‘如果我没有……如果当时的环境不一样的话……如果别人不这样不公平地对待我的话……’就这样从一个不妥当的解释或推理转到另一个，一圈又一圈地打转，终是于事无补。

不幸的是，世上有不少这样只想‘如果’的失败的人。

“考虑‘如何’的人在麻烦甚至于灾难降身时，不浪费精力于追悔过去，他总是立刻找寻最佳的解决办法，因为他知道总会有办法的。他问自己：‘我如何能利用这次挫折而有所创造？我如何能从这种状况中得出些好结果来？我如何能再从头干起，重振旗鼓？’他不想‘如果’，而只考虑‘如何’。这就是我们教给推销员的成功秘诀。

“考虑‘如何’的人会很有效率地解决问题，因为他知道在困难之中总可以找到价值。他不把时间浪费在没有助益的‘如果’上，而是立刻去思量具有创造性的‘如何’。他排除有破坏力的想法，而运用有建设效果的想法。而且他永不放弃。”他最后说，“如果今天世界上有更多只考虑‘如何’的人，你想想看我们会做出多少事来？”

所以，遇到困难和问题，遭受失败和挫折以后，把注意力放在“如果”上面是解决不了任何问题的，每每到了这个时候，最为关键的是要想到“如何”二字，即如何摆脱困境，如何从失败中奋起，如何解决自己面临的问题。当然，每个人遇到的问题不同，回答“如何”的答案也不同，但回答这样的一个问题却是必须做的。

例如，日本矿山大王古河市兵卫，在遇到困难和挫折的时候，以“忍耐”二字来回答“如何”二字。

他在青年时期受雇于高利贷业者，当收款员。有一天晚上，他到客户那儿催讨钱款，对方毫不理睬，并且干脆熄灯就寝，一点儿都不把古河放在眼里。古河对他毫无办法，忍饥受饿，一直等候到天亮。早晨，古河并没有显出一点愤怒，脸上仍然堆满笑容。对方为古河的耐性所感动，立即态度一变，把钱付给了他。

他的这种认真随和又富有耐性的工作精神，诚恳的待人态度，让老板大为欣赏，没有多久，老板就介绍他去财主古河家做养子，之后，他便进入豪商小野组(组等于现在的公司)服务，因工作表现优异，几年后就被提升为经理。

古河在买下废铜矿——足尾铜矿时，第一银行董事长涩泽荣一因为对古河的为人佩服得五体投地，在没有担保的情况下主动借给他一万两金子，让他作为挖铜矿的资金。

这个足尾铜山是个早已被人遗弃的废铜山。因此，古河一开始进行开采，就有人嘲笑他，视他为疯子。

然而他有耐心和不怕打击的坚强意志，对世人的嘲笑他置之不理。

就这样，一年过去了，两年过去了，却不见铜的影子，而资金却一天一天地在减少。但他一点儿都不气馁，面对困境，咬紧牙关，抱定死在矿山的决心，跟矿工们同甘共苦，惨淡经营，四年如一日。

就在一万两金子几乎要化为乌有时，苦尽甘来，铜，终于挖出来了。他完成了别人认为不可能成功的事。

有人问古河成功的秘诀。他说："我认为发财的秘方在于'忍耐'二字。能忍耐的人，能够得到他所要的东西。能够忍耐，就没有什么力量能阻挡你前进。"

总之，在遇到失败和挫折的时候，"如果"的设想和借口没有用，“如何”的回答才能解决问题，只要多想想“如何”去做，而不是纠缠于“如果”式的各种借口中，克服困难、走出失败就大有希望。

第七章

习惯

这是一个人工作和生活最有力的向导

一定要养成良好的工作习惯

习惯是一种最不被人重视的力量，谁都会不在意它的作用。然而，习惯却会把你导向成功或者失败。

我们寒窗苦读得来的知识，我们的应变能力，我们的决断能力，我们的适应能力以及我们的协调能力都将在这样的一个舞台上得到展示。工作对于我们来讲，也是一个培养自己习惯的舞台。

当你选择了工作的时候，其实你就已经站在这样一个舞台上了。当舞台的灯光打亮的时候，你的表演也就不由你决定而开始了。你要做的就是尽你最大的能力为台下的观众奉献最精彩的表演。你不必在乎你的表现是否完美，你也没有必要去勉为其难地做一些哗众取宠的动作，你只要尽心地去做就足够了。因为世界上最热烈的掌声永远是给予那些最投入的人的。

所以，当你在每一个清晨走进办公室的时候，你要对自己说“Now,it's my show time。”然后尽情地施展你的才华去工作，你表现的机会来了！

习惯是一种最不被人重视的力量，谁都会不在意它的作用。然而，习惯却会把你导向成功或者失败。良好的习惯能使平庸者成为人才，不好的习惯却只能埋没人才。

习惯人皆有之。南方人习惯吃大米，北方人习惯吃面食。这是生活习惯。有的人喜欢边听音乐边学习，有的人则习惯于神情专注，不受干扰，这是学习习惯。有的人工作时习惯快刀斩乱麻、雷厉风行，有的人则习惯有头有尾、条理分明，这是工作习惯。

习惯真可以说是无处不有、无处不在的。正是各种习惯如此之多，以至于人们常常忽视它的存在，无视它的作用。但是，你可千万不要轻视习惯的作用。良好的习惯会是成功的助力器，坏习惯则可能成为你成功之路的绊脚石。

美国前总统富兰克林在没有登上总统宝座之前，有一个不好的习惯：凡事太爱争强好胜，动不动就和别人打嘴皮子官司，始终跟人难以相处。因为这个习惯使富兰克林失去了很多朋友。他觉悟之后，马上就着手改变自己的习惯。他列出了一个清单，把个性上他认为的那些不良习惯一一列在上面，并且，从最致命的不良习惯开始，一直纠正到不足挂齿的小毛病为止。当他把自己的毛病全部改正的时候，良好的习惯已遍布他的全身，如去倾听、去赞扬、站在别人立场上想问题、去爱、多付出，等等，结果，他成了美国历史上最受尊敬和爱戴的总统之一。

其实，每一位工作者都有许多良好习惯致使工作成功的故事。萧伯纳坚持“该先做的事情就先做”的习惯使他成为著名的作家；爱迪生坚持想睡就睡的习惯，保证了他工作时有极高的效率，使思维保持活跃，从而有了一个又一个发明创造；约翰·洛克菲勒坚持工作有张有弛的习惯，使他成为了全世界拥有财富最多的人之一。这样的例子简直多得不可胜数。

事实上，失败的人和成功的人之间，有很多东西相同，而往往在习惯方面却有很大的差异，正是这些差异造成了他们不同的命运。这是为什么呢？因为习惯是长时期逐渐养成的一时不容易改变的行为、倾向或社会风尚。

既然习惯是一种不容易改变的行为和倾向，那么你就能明白习惯的巨大威力了。人是一种生性懒惰的家伙，天生就会偷懒。这种偷懒的表现就是我们总是趋向毫不费力的行为的那一面。比如人的思维，我们说的思维定式其实就是一种习惯。一旦你的思维形成了定式，那么这种思维习惯就将决定你的思维成果。如果你的思维习惯于开拓、创新，那么你就能很容易产生新奇的想法、冒出智慧的火花。如果你的思维习惯于凡事稳妥、没有积极创新的意识，那么你的大脑就只能产生保守的、步人后尘的观念。就如同你已养成了刷牙的习惯，你睡前醒后连想也不想就会走进盥洗间。

这就是习惯的作用。当我们每天重复做相同的一件事情时，那件事情就会成为习惯，所有的习惯都是后天养成的。即习惯还有另一层含义：常常接触某种新的情况而逐渐适应，也就是说人们常说的“习惯成自然”。

只要你打算养成良好的习惯，那么，你就赶快动手去实施你的计划。开始也许会觉得有些困难，但熟能生巧，当你做到一定程度时，难的也就变成容易的了；当变成容易的时候，你就会喜欢你的新习惯。一旦你喜欢上了你的新习惯，你就更愿意时常去做。这就是人的天性。

赶快把养成好习惯变成你人生的目标吧！

做事紧张有序

做事没有条理、没有秩序的人，无论做什么都没有功效可言。而有条理、有秩序的人即使才能平庸，他的事业也往往会有相当大的成就。

人应该保持适度的紧张，这是一种积极的精神状态。这种压力可以把人内在的优秀特质引发出来，迫使他们尽可能有效地运用时间。良好的管理意味着在你的工作区间内建立起一种合理的、积极的、有序的紧张关系。

一位企业家曾谈起他遇到的两种人：

有个性急的人，不管你在什么时候遇见他，他都表现出风风火火的样子。如果要同他谈话，他只能拿出几分钟的时间，时间长一点，他就会伸手把表看了再看，暗示着他的时间很紧张。他做起事来，也常为杂乱的东西所阻碍。结果，他的事务总是一团糟，他的办公桌简直就是一个垃圾堆。他经常很忙碌，从来没有时间来整理自己的东西，即使有时间，他也不知道怎样去整理和安放。

另外有一个人，与上述那个人恰恰相反。他从来不显出忙碌的样子，做事非常镇静，总是很平静祥和。别人不论有什么难事和他商谈，他总是彬彬有礼。他每天下班前都要整理自己的办公桌，做什么事都是井井有条。

做事没有条理、没有秩序的人，无论做什么都没有功效可言。而有条理、有秩序的人即使才能平庸，他的事业也往往会有相当大的成就。

任何一件事，从计划到实现的阶段，总有一段所谓时机的存在，也就是需要一些时间让它自然成熟的意思。无论计划是如何的正确无误，总要不慌不忙、沉稳地等待机会的到来。

假如过于急躁而不甘等待的话，经常会遭到破坏性的阻碍。因此，无论如何，我们都要有耐心，压抑那股焦急不安的情绪。

你工作有秩序，处理事务有条理，在办公室里绝不会浪费时间，不会扰乱自己的神志，做事效率也极高。从这个角度来看，你的时间也一定很充足，你的事业也必能依照预定的计划去进行。

煎鱼时不时翻动鱼身，会使鱼变得烂碎，看起来就不觉得好吃。相反地，如果尽煎一面，不加翻动，鱼将粘住锅底或者烧焦。最好的办法是在适当的时候，摇动煎锅，或用铲子轻轻翻动，待鱼全部煎熟，再起锅。

不仅是烹调需要秘诀，做一切事都是如此。当准备工作完成后，进行实际工作时，只需做适度的调整，应该有条不紊，顺其自然地进行下去。

人的能力有限，无法超越某些限度，如果能对准备工作尽量做到仔细研究、慎重实施的地步，至少可以将能力做更大的发挥。

办公室条理化的安排确实会影响到时间的利用，值得我们细加分析。因此，试着安排一些独处时间(但是不能做得太过分，以免别人有重要事情时也无法接近你)，并调整一下你周围的摆设，这样你就能在最少的干扰或疲劳下从事你手上的事情了。

今天的世界是思想家、策划家的世界。唯有那些做事有秩序、有条理的人，才会成功。而那种头脑混乱，做事没有秩序、没有条理的人，成功永远都和他擦肩而过。

充分利用时间

员工的心态决定其时间利用的方式，而员工时间利用的方式，决定着其时间利用的效率。

有些人总是以“时间不够”为借口，为自己埋下失败的伏笔。其实这种人往往就是不善于利用时间。

如果要想善于利用时间，最重要的是减少你浪费掉的时间。因为失去的东西再也无法利用了。切斯特菲尔德勋爵说：“我建议你们好好利用小段时间，这样大段时间自然就会产生效率。”

员工的心态决定其时间利用的方式，而员工时间利用的方式，决定着其时间利用的效率。

阿尔伯特·R.卡尔在《华尔街日报》上报道过，一家钟点工服务公司曾对200家大公司职员做过调查。他们发现公司职员每年都要把6周时间浪费在寻找乱放的东西上面。这意味着，他们每年要损失10%的时间！

时间管理就是管理自己的生命。我们多数人很难使自己的每一天都朝着正确方向前进。有些人的问题是积极性不高；有些人的问题是自律不严；另外一些人的问题是性格，性格使他们老爱坐着歇会儿而不是向前行；还有一些人对自己应做什么，什么时候去做不甚清楚。

如果你有懒惰的问题，下面几个建议可以助你除掉不良习惯：

(1) 使用记事本。对何时应做何事心中应有数，记事本或日志有助于你把所有资料很有条理地记录在一个地方。“日记与工作志”、“每日工作志”和“工作日程表”都是极好的工具。

(2) 不要在家里工作。如果你不容易调动自己的积极性，你需要换个环境了。许多人在家里养成了一套习惯，怎么也摆脱不了。另外一些人，家里使他分心的东西太多——电话铃、门铃、电视机、收音机、家务活等。

(3) 尽早开始。有时你会突然意识到因为太迟开始而无法完成当天想做的事。这是最令人失望的。许多人意识到时间不够而无法做他计划中的事时，干脆一整天什么也不干。解决办法是养成及早开始的习惯。

(4) 减少干扰。拉利·贝克博士认为，造成公司职员浪费时间最多的是工作受到干扰。之所以消耗掉那么多时间，不止是停顿下来本身费时，而且重新工作时，这位职员需要花时间调整大脑活动及注意力，才能在原先停顿的地方继续接下去干(一下子就能找出中断的地方，立刻接上原来的思路的人是不多的)。

要充分利用时间，唯一的办法是预先安排工作。事前做好准备，利用偶发的延误，这样才能把本来会失去的时间转化为有用的时间。

正如亨利·福特说的："大多数人是在别人浪费掉的时间里取得成就的。"

你浪费于空想的每一刻都是从有效劳动中偷来的。从错误中汲取教训，但要马上继续前进。不要白日做梦，而应为实现梦想与目标而努力奋斗。

身在职场要三思而言

办公室里不能乱说话，即使说也要说公事，不要掺和私事。别人没兴趣会让你扫兴，别人感兴趣对你可能会更糟。

如果将一个人的生活做个粗略的划分，根据时间和空间的不同，大致可分为公域和私域。与同事的关系无疑应列入公域。说话要分场合，场面上的人自然要说场面上的话。“公私分明”是一条在什么时候都很有效的游戏规则。所以，办公室里不能乱说话，即使说也要说公事，不要掺和私事。别人没兴趣会让你扫兴，别人感兴趣对你可能会更糟。

场面上的人说话要有分寸。分寸拿捏得好，很普通的一句话，也会平添几许分量。话少往往精练，让人觉得你是经过深思熟虑才说出来的。话太多往往容易失控，话的质量随数量的上升而下降，头脑发热，忘了什么能说什么不能说，公事私事搅在一起很容易授人以柄。

在办公室里不谈私人生活。无论失恋还是热恋，别把情绪带到工作中来，更别把故事带进来。办公室里聊天，说起来只图痛快，不看对象，事后往往懊悔不迭。可惜说出去的话泼出去的水，再也收不回来了。把同事当做知己的害处很多，职场是竞技场，每个人都可能成为你的对手，即便是合作很好的搭档，也可能突然变脸，他知道得越多越容易攻击你，你暴露得越多越容易被击中。比如你曾告诉她男友跟别人好了，她这时候就会说："连老公都不能搞定的人，公司的事情怎能放心交给她？"职场上风云变幻，你不害人，同时却不得不防人，把自己的私域圈起来当成办公室话题的禁区，轻易不让公域场上的人涉足，其实是非常明智的一招，是竞争压力下的自我保护。"己所不欲，勿施于人"，如果你不先开口打听别人的私事，自己的秘密也就不易被打听。

千万别聊私人问题，也别议论公司里的是非短长。你以为议论别人没关系，用不了几个来回就能绕到你自己头上，引火烧身，那时再逃跑就显得被动了。

薪水也是需要回避的话题。很多公司不喜欢职员之间打探薪水，因为同事之间工资往往有个小差别，所以发薪时老板有意单线联系，不公开数额，并叮嘱不让他人知道。同工不同酬是老板常用的手段，用好了，是奖优罚劣的一大法宝，但它是把双刃剑，用不好，就容易促发员工之间产生矛盾，而且最终会掉转刀口朝上，矛头直指老板，这当然是他所不想发生的，所以对"包打听"之类的人，老板总是格外防备。有的人打探别人时喜欢先亮出自己(其实这样的人亮出来的价值也不大，主动亮牌的往往没好牌)，比如先说"我这月工资……奖金……你呢？"如果他比你钱多，他会假装同情，心里却暗自得意。如果他没你多，他就会心理不平衡了，表面上可能是一脸羡慕，私底下往往不服，这时候你就要多加小心了。背后做小动作的人通常是你不设防的人。

首先,不做这样的人。其次,如果你碰上这样的同事,最好早做打算,当他把话题往工资上引时,你要尽早打断他,说公司有纪律不准谈薪水;如果他语速很快,没等你拦住就把话都说了,也不要紧,你可以用外交辞令冷处理:“对不起,我不想谈这个问题。”有来无回一次,他就不会有下次了。

家庭财产之类的私人秘密不必到处张扬。不是要你不坦率,坦率是要分人和分事的,从来就没有不分原则的坦率,什么该说什么不该说,心里必须有谱。就算你刚刚新买了别墅或利用假期去欧洲玩了一趟,也没必要拿到办公室来炫耀。有些快乐,分享的圈子越小越好。被人妒忌的滋味并不好,因为容易招人算计。无论露富还是哭穷,在办公室里都显得做作,与其讨人嫌,不如知趣一点,不该说的话不说。

不谈论公司里的人和事。即使老板泡“小蜜”是公开的秘密,你也别插嘴,别人爱怎么说就怎么说,你能不听就不听,能溜最好。人事关系最微妙,有人升迁,有人被炒。你不是老板,你不知原委就免开尊口,至于谁是老板的亲戚你知道就得了,犯不上传扬或跟人背后嘀咕。同样,有些话类似“公司福利不好”“公司老让加班,不给加班费”……在同事之间,这种话说也白说,反而传来传去,被添油加醋,让你再解释的机会都没有。“没有不透风的墙”,老话自有道理。今天你和某同事说“小张能力不行,办不成事”,过不了两天话就传到小张耳朵里了,你还不知情,却把人得罪了。人多少有点报复心，不定哪天你叫人收拾了，哭都不知道为什么。或者你跟一个要好的同事说过怎么整治老板、如何偷懒之类的小伎俩，万一哪天他晋升了，而且是你的顶头上司，你说你是不是有点尴尬？保不准你走运，成为他的主管，想一想从前说过的话，你多少也会有点不自在。

别拿现单位和原单位比。无论比出个什么样的高下，老板都不爱听。如果你说“我原来的公司是大牌，那里的管理水平高，工作环境比现在好，效率比这里高……”老板肯定会立即拉下脸，扔下一句“那么好你就回去吧。”即使老板不在场，同事其实也不爱听你回忆昔日荣光。每个员工对自己供职的公司多少会有心理归属感，贬损公司，员工很容易以为你也在看低他。就算你说的都是事实，原来公司确实不错，毕竟你现在端的是新家的饭碗。但也别以为喜新厌旧就好，如果你在现在的老板面前大谈原先老板的不是，情况只会更糟。他觉得你今天能这么议论原先单位，下次就会这么说现在的单位。

野心可以有但不可以露。在办公室里大谈人生理想显然滑稽，打工就安心打工，雄心壮志回去和家人、朋友说。如果你说“在公司我的水平至少够副总”或者“35岁时我必须干到部门经理”，那你很容易把自己放在同事的对立面上。因为野心人人都有，但是位子有限。你大谈自己的目标，就等于公开向公司里的同僚挑战。僧多粥少，树大招风，何苦被人处处提防，被同事或上司看成威胁。做人要低调一点，是自我保护的好方法。你的价值体现在做多少事上，在该表现时表现,不该表现时就算韬晦一点也没什么不好,能人能在做大事上,而不在说大话上。

不乱说话不等于不说话，员工在职场上不但要注意说话的分寸,而且一定要注意说话的场合。谈公司里的事最好在比较适合、公开的场合,比如部门主管征询意见时,你不说就不妥,或者开讨论会时,该发言就不能闲着,老不说话老板会以为你没主见。而私底下若闲话少,麻烦也会少。

办公室是闲话的滋生地,工作间歇,大家很愿意找些话题来放松一会儿,为了不让闲人进入私域,最好有意围绕新闻、热点、影视作品谈天,避开个人问题,放得开而且无害。

不要忽视小事

那些一心想做大事的人，常常对小事嗤之以鼻，不屑一顾。然而，连小事都做不好的人，大事是很难成功的。

许多白手起家而事业有成的人，在当小学徒或小职员时就能以最高的热忱和耐心去面对老板给予他们的小工作，这是非常普遍的事实。我们不可能用数量来衡量工作的大小，“大在小之中”，而不是“小在大之中”。所有的成功者都是在小事中寻找出大课题。无论小事大事，随时尽职尽责，人生也就能随时完美。生命是有限的，事业是无限的，应该把有限的生命投入到无限的事业中去。

只要能一心一意地工作，世间就没有做不好的事。这里所讲的事，有大事，也有小事。所谓大事小事，只是相对而言。很多时候，小事不一定就真的小，大事不一定就真的大，关键在于做事者的认知能力。那些一心想做大事的人，常常对小事嗤之以鼻，不屑一顾；然而，连小事都做不好的人，大事是很难成功的。

老师们教孩子，“勿以善小而不为，勿以恶小而为之”。就是因为老师们明白，“小事正可于细微处见精神。有做小事的精神，就能产生做大事的气魄。”不要小看做小事，不要讨厌做小事。只要有益于工作，有益于事业，人人都从小事做起，用小事堆砌起来的事业大厦就是稳固的，用小事堆砌起来的工作长城就是坚固的。

一个普通的职员，即使有很好的见解，要想被重用，通常也要煎熬一段不短的时间，最重要的是努力做到有让别人倾听自己意见的资格和成绩，在别人眼里，你才是举足轻重的人，不易被人忽视。

因此，从小事做起的工作，年轻时就应努力去做好。

一家公司的人事部经理曾感叹道："每次招聘员工，总碰到这样的情形：大学生与大专生、中专生相比，我们也认为大学生的素质一般比后者高。可是，有的大学生自诩为天之骄子，到了公司就想唱主角，强调待遇。真正找件具体工作让他独立完成，他却往往拖泥带水，漏洞百出。本事不大，心却不小，还瞧不起别人。大事做不来，安排他做小事，他又觉得委屈，埋怨你埋没了他这个人才，不肯放下架子干。我们招人是来工作、做事的，不成事，光要那大学生的牌子有什么用？所以有时候，大学生、大专生、中专生相比，大专生、中专生反而更实际，更有用。"

人生价值真正的伟大在于平凡，真正的崇高在于普通，最平凡、最普通却又最伟大、最崇高。从普通中显示特殊，从平凡中显示伟大，这才是做人做事之道。

小事，一般人都不愿意做。但成功者与一般人最大的不同，就是他愿意做别人不愿意做的事情。一般人都不愿意付出这样的代价，可是成功者愿意，因为他渴望成功。

别人不愿意端茶倒水,你就要更加端出水平;别人不愿意洗刷马桶,你就要更加洗刷得明亮;别人不愿意做准备,你就要多做准备;别人不愿意付出,你就要多付出。

只要每一件别人不愿意做的小事,你都愿意多做一点,你的成功率一定会提高不少。

因此,做事不可以被大小限制,被时间限制,被空间限制。人生三不朽,立德、立功、立言。因而,需要具有超越自我、超越时空的观念,跳出大小的圈子,成就最普通而又最特殊、最平凡而又最高尚、最渺小而又最伟大的事业。

越是那种埋怨自己工作价值渺小的人, 真正给他们一份困难的工作时,他们越是退缩而不敢接受。具有十成力量的人,去做仅仅需要一成力量的工作,其中有生命的意义和悠闲的心情。在长远的人生中,这种生命的意义和悠闲的心情对于人格的形成与扩展,有决定性的帮助。以小搏大既是智慧也是能力。

职场的穿着规则

你的仪表会对你自己说话，同时也会对别人说话。它可以帮助别人决定对你的看法。

工作中穿着得体很重要，这样才会使你看起来很重要而且使你觉得你真的很重要。

人的衣着打扮在所有影响成功的因素中不是最重要的，但如果你的穿着已经影响或制约了你的成功，那么这个问题就变得重要了。

不知你有没有发现一个有趣的现象，一些歌星影星或者搞艺术的人穿着十分随便，有些人的打扮也比较奇怪，但我们在舞台上、电视节目里看到他们，不觉得刺眼；而社会上一些所谓的“追星族”也学着这么打扮，穿着、发型古里古怪，在大街上晃来晃去，颇有些招摇过市的味道，路人为之侧目。

这就引出一个较专业的话题，即穿着一定要得体。影视明星歌星这些公众人物，他们主要出现在舞台上、在镜头前，与我们观众有一定的距离，所以他们即使穿着前卫一些，观众心理上也可以接受；而如果你在大街上穿着那样的服装,就显得与周围的环境格格不人,很不得体。

当然,穿着打扮属于个人的自由,我们无意要求大家都穿着一律,只是想强调得体。

那就请你利用你的衣着来振奋自己的精神并建立自己的自信吧。

衣着虽然属于外表的一部分,但它和我们的思想、我们的心理世界密切相关。当过兵的人都清楚的知道,当你穿上军装,立刻就会觉得自己是个真正的军人了。当一位女士为赴宴会而精心打扮时, 她的心里也会真的感觉到一种甜蜜约会般的情调。

那么,同样的道理,一个经理打扮得像个经理时,就会觉得自己真的是个经理,因而就能表现出经理的派头来。

你的仪表会对你自己说话,同时也会对别人说话。它可以帮助别人决定对你的看法。当然,我们应该看重一个人的内在本质而不是外表,但你也不能太天真,大家其实都是以你的外表衣着来衡量你。因为第一次见面的人对你的内在品质并不了解,他也只能通过外表来衡量你,所以,仪表是别人衡量你的第一项最简便的工具, 而且这种印象会持续下去,在许多方面影响别人以后对你的看法。

可能你会说,人可不能光看外表。是的,看人不能光看外表。但是,假如你现在要和一个你从没见过面的人签订一笔百万元的某项合同,对方的衣着以及打扮非常怪异,或者衣着破烂不堪,脸看上去像有五天都没洗,你还敢不敢和他签这个合同?

穿衣戴帽，各好一套，但作为一名员工决不能全都按着自己的嗜好行事。下面是职员穿着的基本经验，供你参考。

除非你是在解领带，否则无论何时何地松开领带结都是极不礼貌的。

一身漂亮的西装和领带会使一个男人看上去非常帅，而穿一套好西装如果系领带，则会使你看上去更加帅不可言。

如果你穿了西装，但不系领带，就可以穿那种平底便鞋；而如果你系了领带，就绝不可以了，而只能穿正式的皮鞋。

新买的衬衫，如果你能在脖子和领子之间插进两个手指，就说明这件衬衫洗过之后仍会很合适。

如果不是非常专业的手洗，一件800元的衣服很快就会只值25元人民币。

上有精神的头型，下有一双好鞋，胜过一套昂贵的西装。

如果你不好好擦亮你的鞋，1000元一双的鞋看上去也会和100元一双的鞋差不多。

如果你的皮带和皮鞋不是同一质地的，就要在颜色上做到统一。

西装一季不可以干洗两次以上，而如果想保持燕尾礼服的原形，就一次也不要干洗。

如果你穿的是三颗扣西装，可以只系第一颗和第二颗纽扣，就是不能只系最下面一颗，而将上面两颗扣子敞开着。

如果去某个场合拿不准穿什么服装，那么隆重点儿远远比随便点儿强得多，会使人以为你随后还要去一个更重要的场合呢！

穿戴得起名牌衣饰当然最好，但无论如何也不要让人认为是水货名牌，那将会使人联想到你人格上的某些缺陷。

不喜欢纯粹的西装革履，也可以将休闲装穿得很绅士，干净、单色，尤其是浅色组合加上不夸张的贴身线条，会是一个准休闲绅士的形象。

男人对于衣饰的要求，大概能用“少而精”来概括，不可以太廉价，也无须太多，但一定要精致耐看，比如精致的做工、款式与色泽，绝不坍台，就已成功了一半。

男人对于首饰，决不可像女人一样爱不释手、花样百变，虽然现时男人戴半只耳环、金项链、大戒指已不鲜见，但首饰还是精巧些好，夸张的戴法除非是表现个性的需要，否则只会弄巧成拙，还是在领带、皮带、公事包方面下点功夫吧！

工作场所保持整洁

保持工作场所的整洁是善待自己和善待公司的表现，我们每天有八个小时以上的时间待在那里，好的工作环境能给人带来好的工作心情。

维护环境的整洁是基本的生活习惯，若是连这一点都做不到，上司又怎会放心地将重责大任托付给你呢？因为大家都会认为一个将自己身边问题都处理不好的人，是没有能力去管理他人或有条不紊地完成工作的。

(1)从小处做起

保持整洁应从小处做起，例如清洁桌面、物归原位等。身边的事解决好了，相信对于其他的事务也就不会马马虎虎了。

(2)提高工作效率

工作繁忙时，心情难免浮躁，遇到难题时更是如此，这时如果抬头望见眼前竟是杂乱不堪的景象，你心里必定是更烦躁不安吧！若不想面对此情此景，就要用心维持工作场所的整洁，这样，连带心情都会跟着清爽起来，心情一舒畅，工作效率也会提高。

(3)建立公司良好形象

一个窗明几净的公司与布满灰尘、东西散乱的公司，肯定会带给人两种完全不同的感觉。前者是一种神清气爽、蒸蒸日上的愉悦感，后者则是颓废衰败、暮气沉沉的衰落感，人们愿意同哪一个公司打交道也就不言而喻了。

那么怎样才能保持工作场所的整洁呢?

贴出精神标语。人总是会有忽略小事情的时候，有时明知不该做却又不经意犯了规，所以可以在适当且醒目的地方贴上一些标语，提醒大家要随时随地保持工作场所整洁。共同维护环境是所有人的责任，每个人都要有这一份警觉和使命感。

利用同事之间的互相督促与鞭策力量，也是一种可行的办法。如果发现自己周围的人没有做到维持整洁的工作环境，就提醒他们，这样大家才不会因一时忘记或怠惰而违反规定。

第八章

快乐

工作的快乐也是生活的快乐

在工作中寻找乐趣

人可以制造情绪，或者引导情绪，但不能被情绪牵着走。有句话说，你如果不能改变事实，就不如改变想法。

你可听说过有哪个人讨厌自己的工作，而获至很大的成功？相信你从来没听说过。有个成功的秘诀，就是把自己的工作和自己的兴趣密切结合在一起。

问题是，做事情觉得非常愉快的人并不多，每个人对工作的好恶不同。假使能把工作趣味化，就可以把工作轻松愉快地做好。人生并不长，因此最好尽量选择合乎你兴趣的工作。工作合乎你的兴趣，你就不会觉得辛苦。

诚然，有些人在做着不适合于他们的工作。由于他们不喜欢所做的工作，而使工作变成一种苦役。一个把大部分精力注入工作的人所感到的喜悦，他们却无从感知。

假如你不幸陷入了这种苦境，你就必须设法自救；因为，如果你对自己的工作感到枯燥无味，你便很难享受到积极的人生乐趣。

什么事都尽量往好处想，决不能钻牛角尖。人可以制造情绪，或者引导情绪，但不能被情绪牵着走。有句话说，你如果不能改变事实，就不如改变想法。

人一定要选择自己喜欢的事去做，即使赚钱也不例外，而且要“只问耕耘，不问收获”。每天乐此不疲，这样至少就已经成功了一半。

即使是事业成功人士，也常常听到他们叹息自己成功背后的苦恼，就是自己不得不应付繁忙的公务，或不得不周旋于社交场合，或为了应酬不得不放弃与家人团聚的美好时光，或碍于情面，不得不做有违心愿的事。有时候，我们经常摇摆于情感与理智之间，有时情感战胜理智，有时理智支配情感。当我们情绪走向极端的时候，理智往往无法控制它；当我们情绪比较平和的时候，理智却能很轻易地驾驭它。无论如何，我们都要记住一点：虽然情绪不能立刻控制理智，但却能支配行动。因此，要调节行为，就必须从控制情绪开始。

千万不要和同事这样谈论老板和公司：“我要应付那些我不愿做的事。老板一点也不了解我，信任我。”这样你容易给人一个消极、爱发牢骚的印象，也会使你丧失上进的动力和兴趣，阻碍你的发展。

不成功人士往往面带一种愠怒厌世的表情。他们不喜欢他们的工作和他们生活的世界，怀疑他们周围的人都是不诚实和愚笨的。他们把一切都看得那么黑暗，并用他们自己对生活的绝望态度和无所寄托的颓丧情绪影响着他们周围的人。

成功学大师曼狄诺在《世界上最伟大的推销员》一书中写道：

“我们不是被束缚在工作中的奴隶。即使你憎恨那些不得不完成的工作，你还是明白苦差是开掘精神宝藏的必需品，只有它能够改变我们的命运。这就好比耕耘播种为的是收获果实一样。假如你没有忘记自己是上帝的子民，成功而降生到这个世上，那么你一定不满足于那些指派给你的工作。

“无论我们做任何工作，让我们为之倾注爱心，那样，我们将不会失败。

“我们每天所做的事情虽然有限，却也是有意义的。世界的进步并不单单靠英雄们有力的臂膀向前推动，每一个诚实工作着的人都贡献着自己的一份微薄之力。对于工作的真爱，不是源于金钱，不是因为时间的消耗或是技能的实践，而是来自对于成功本身带来的骄傲与满足的渴望。

“对于出色的工作的最大奖赏就是已经做完了它。

“如果你不能选择自己更喜欢的工作，就要尽力喜欢眼前的工作。”

有一次，英国女王参观著名的格林威治天文台，当她得知任天文台台长的天文学家詹姆·布拉德莱的薪金的级别很低时，表示要提高他的薪金。布拉德莱得悉此事后，恳求女王千万别这样做，他说：“如果这个职位一旦可以带来大量收入，那么，以后到天文台来工作的人，将不会是天文学家了。”

关于工资与工作的相互关系，人们站在不同的立场，有种种议论。但是，有一点是肯定的，那就是：人们的喜悦，不是只靠金钱就能得到的。工资可以减少人的不满，但不能增加人的满足感。应该说，能够增加人的满足感的，还是工作本身。不管什么工作，如果能够自发地、自主地去进行，人们就会从中感受到工作的意义。而且重要的是，选择工作，不要只顾眼前利益，而应从有利于长远发展的角度出发。

我们在选择职业时，也不要只考虑报酬，须记住，有得就有失。重要的是，能够在工作中找到乐趣和确定自己发展的方向。

在你的事业生涯里，你只要尽可能地不断付出，而不寻求马上报答，会使你得到比酬劳更重要的东西，这就是信任。你把集体的目标作为自己的目标，并更深地理解之，只有这样，老板才会器重你、提拔你。

在古希腊神话中，有一个西齐弗的故事。西齐弗因为在天庭犯了法，被天神惩罚，降到人世间来受苦。对他的惩罚是：要推一块石头上山。每天，西齐弗都费了很大的劲把那块石头推到山顶，然后回家休息，可是，在他休息时，石头又会自动地滚下来。于是，西齐弗又要把那块石头往山上推。这样，西齐弗所面临的是：永无止境的失败。天神要惩罚西齐弗的，也就是要折磨他的心灵，使他在“永无止境的失败”命运中，受苦受难。

可是，西齐弗不肯认命。每次，在他推石头上山时，天神都打击他，告诉他不可能成功。西齐弗不肯在成功和失败的圈套中被困住，一心想着：推石头上山是我的责任；只要我把石头推上山顶，我的责任就尽到了；至于石头是否会滚下来，那不是我的事。

再进一步，当西齐弗努力地推石头上山时，他心中显得非常的平静，因为他安慰着自己：明天还有石头可推，明天还有希望。天神因为无法再惩罚西齐弗，就放他回了天庭。

西齐弗的命运可以解释我们一生中所遭遇的许多事情，西齐弗的努力也可以是我们努力工作的写照。但是，西齐弗能把命运转换成使命的方式，是否亦是我们的生活模式？

个人意识到自己的存在，认同自己的存在，已是一件不简单的事；个人能透视自己的命运，掌握自己的命运，更是件不容易的事。但是，更困难的，则是把命运转换成使命。因为，使命的含义要超过神话中的内涵，它不但要替自己的存在谋求出路，它还要在感受失败和痛苦中，去替人类、替世界创造快乐与幸福。

日本本身没有什么资源，在第二次世界大战后却能够迅速崛起。经过50年的发展，如今，日本的汽车业已经严重威胁到美国的汽车业；光学仪器和照相机威胁到德国；制表业威胁到瑞士；动画和游戏机更席卷世界市场。这主要归功于日本人对工作认真，而且多数人会在工作中自寻趣味，对工作抱持积极的态度，因此生产出来的东西得到全世界的广泛认可。日本人因何能对工作抱持积极的态度呢？中谷彰宏说：“工作的有趣与否，不在于工作本身是否有趣，而在于你有没有热诚勤奋地去做你的工作。再枯燥无味的工作，努力去做，也会变得有趣；再有趣的工作，慢吞吞、兴味索然地做，都会变得无味。”如此说来，日本人其实非常懂得工作哲学，我们为什么不能在这方面向日本人学习呢？

正确的思想，会使任何工作都不再那么令人讨厌。老板要你对工作感兴趣，他才能赚更多的钱。但是我们何不忘掉老板想要什么，而只是想着：对工作感兴趣，对自己有好处。不断提醒自己，对自己的工作感兴趣，可以将你的思想从忧虑上移开，而最后，还可能带来晋升和加薪。即使不这样，也可以把疲乏减至最低，并帮助你享受自己的闲暇时光。

成功的主要原则之一是，每天保持对工作的兴趣，能够有持久的热忱，并能将每一天看得同等重要。

乐天愉快地工作

工作就是这样一个东西：一切的美都在它的过程之中。而过程中的美是只有轻松的心态才能够体会到的。

提高工作兴趣最好的方法是把娱乐带到工作中。

适度的闲聊对工作有帮助。相对于工作之类的大事，闲聊自为小道矣。然而小道却常成为工作大事的话引子；若小道不畅，推动工作也难。

在办公室里老是打呵欠、靠吃药提神、没精打彩的员工，永远不会获得老板的赏识。

在工作时，保持最佳状态，就不会出现一点疲态。

商场与战场没有什么两样，哪怕是一刹那的困倦和懈怠，也有可能被敌方乘虚而入，从而造成一些不必要的损失。不过，在一些轻松的场合中，应该表现得轻松自然，与工作中的拼搏完全相反。

这一对比看在老板眼中，必然觉得你是个有足够能力控制情绪的人。

把工作当做游戏。美国医药界的查里·华葛林原来只开设了一家规模很小的西药房，他也有和一般人一样的见解，他怨恨自己的职业，他也常涉足歌台舞榭，可是后来他自问:“我能舍弃这种生涯吗?”“我能在我的职业中施展我的才能吗?”终于,他下定决心,想了一个办法,找到了使他获得成功的钥匙。他曾骄傲地陈述他为顾客服务的态度,怎样使顾客满意,怎样招揽生意:“假如有人电话购货,我一面接电话,一面举手招呼我的伙计把物品送去。”

有一天电话来了,他大声回答说:“好,郝斯福夫人,两瓶消毒药水,1/4磅消毒棉花,还要别的吗?啊!今天天气真好,还有……”他不住地讨好他的顾客,同时指挥伙计,把货物找齐,马上送去。伙计也训练有素,在郝斯福夫人接电话的几分钟内,就将物品送至她家。而他们仍在继续谈话,等她说:“门铃在响了,华葛林先生,再见!”于是他放下了电话听筒,面露喜色,知道货已送到。

事后,郝斯福夫人常对别人说起这件事:当她订货的电话尚未打完,物品就已经送到了。她的无意中的传播,使附近的居民都来华葛林的药房购物,并渐渐扩展到别处居民,使他们都成为他药房中的长期顾客。于是,他的药房便扩展成了公司,并成立了制药厂,在全国各地都设有分店。

华氏的成功诀窍,在于他工作的态度。他觉悟到工作原可以成为极有兴趣的游戏,便以游戏的竞技者出现,努力发挥竞技的技巧,尽力去做。

我们不能从工作中获得快乐, 往往都是因为我们把工作视为获得赏赐的手段, 而忽视了工作本身对于我们来讲就是一种巨大的赏赐。就是在这样的想法下,我们更多的是急功近利地去考虑如何从工作中获得些什么, 于是我们必须要完成什么什么任务、什么什么目标，每天紧张得不得了，总是在担心稍有不慎，就会毁了自己的前程。这样的心理是不会让我们获得轻松的。只有享受工作的态度才会给我们带来轻松。

我们做一份工作，虽然说是要在工作中取得成绩，受到嘉奖，不断的升职加薪，但是说到底这些都只能作为我们工作的目标或者说是工作的动力。实际的状况是，我们每天早上8点钟就要衣冠楚楚地来到办公室，然后做着每天都在做的工作，接触着每天都要接触的人，实际工作中，没有那么多的奋斗目标，没有那么多的挑战，更不可能经常有机会让你去取得你所渴望的能够让别人认同的业绩。现实的工作，就是生活，是白开水的模样。

所以对于我们来讲，想从工作中获得快乐，除了种种的成功和认同能够给我们带来喜悦之外，我们更应该享受工作本身。我们获得工作，从而可以专门从事某一件事情或是某一系列事情，这是多么令人欣喜的事啊！因为有了工作，我们不必坐在窗子前无聊地打发时间，为自己不知道该忙些什么而感到苦恼。因为有了工作，我们可以把自己的精力集中在一点上，尝试专注的感觉，而不再游离。因为有了工作，我们可以和形形色色的人打交道，结识很多的朋友，也从别人的身上学到很多；同时我们在工作中取得的成绩还时常给我们带来成就感。能够如此这样的工作，难道不是一件非常幸福的事情吗？

当我们开始把工作视为生活对于我们的一种恩赐，由此开始珍惜它的时候,我们的快乐也就来了。既然是一种恩赐,我们就应该享受它,就应该轻松地去面对它。只有做到了轻松,才是真正的享受。

工作就是这样一个东西:一切的美都在它的过程之中。而过程中的美是只有轻松的心态才能够体会到的。骑车踏青的目的不在于最终你到达了怎样的世外桃源,而在于你所收获的沿路的美景。而一个急于赶路的人的眼中是没有这种美景的。

轻松地享受工作的每时每刻带给我们的大大小小的乐趣,不要把这垂手可得的快乐源泉轻易地放弃掉。

工作本身即是乐趣

卡耐基说："人生的最大生活价值，就是对工作有兴趣。"做同一件事，有人觉得做得有意义，有人觉得做得没意义，其中有天壤之别。

大仲马的写作速度是惊人的。他一生活了68岁，到晚年自称毕生著书1200部。他白天同他作品中的主人公生活在一起，晚上则与一些朋友交往、聊天。

有人问他："你苦写了一天，第二天怎么仍有精神呢？"

他回答说："我根本没有苦写过。"

"那是怎么回事呢？"

"我不知道，你去问一棵梅树是怎样生产梅子的吧！"看来大仲马是把写作当成了乐趣，当成了生活的全部。

不仅伟大的人物可以把工作当成生活的全部，平凡的人也完全能够做到这一点，只要他有一个正确的思想。

有个美国记者到墨西哥的一个部落采访。这天是个集市日，当地土著人都拿着自己的物产到集市上交易。这位美国记者看见一个老太太在卖柠檬，5美分一个。

老太太的生意显然不太好，一上午也没卖出去几个。这位记者动了恻隐之心，打算把老太太的柠檬全部买下来，以便使她能“高高兴兴地早些回家”。

当他把自己的想法告诉老太太的时候，她的话却使他大吃一惊：“都卖给你，那我下午卖什么？”

卡耐基说：“人生的最大生活价值，就是对工作有兴趣。”做同一件事，有人觉得做得有意义，有人觉得做得没意义，其中有天壤之别。做不感兴趣的事所感觉的痛苦，仿佛置身在地狱中。爱迪生曾说：“在我的一生中，从未感觉在工作，一切都是对我的安慰……”

柯维发现，我们对工作不再兴致勃勃时，就会产生职业倦怠。职业倦怠不是说来就来的，而是由日常工作中的挫折、焦虑、沮丧，日积月累而成。职业倦怠和挫折、焦虑、沮丧的差异在于，后者发生频率较高，时间也持续较长。丧失斗志的你对疾病的抵抗力减弱，睡眠时间不短却老觉得不够，注意力也越来越不能集中，到最后干脆什么也不在乎了，工作变得没有意义，甚至人生也没有什么价值可言。

想要赶走倦怠而变得兴致勃勃，说的要比做的容易多了。原因在于大多数人觉得为了工作有效率，他们必须有所激励，但是很少有人了解激励与工作表现互为因果。如果你能强迫自己努力工作，而达成一些初期的成功目标后，就会发现工作越做越有兴致。

笑对工作

人如果懂得工作的情趣，就可以从一些微小的事情中获得快乐。

有一个软件工程师因为升官不成而闹情绪，老板要求他做工作检讨。他问老板为什么不能升他，老板说："因为你缺乏团队精神。"

职员吃惊地问道："怎么会呢？我一向很尽忠职守啊！"

老板回答的很离谱："但是我发现你在公司的集体大合影里没有笑。"

你以为这是一则笑话吗？错了，这是一件发生在美国的真实故事，而这个千真万确的例子正巧被《呆伯特法则》的作者史考特·亚当斯知悉，他把这个荒谬的剧情画进了他的漫画里。而史考特的《呆伯特法则》，由于写实地反映了现代办公室的底层真相，去年一整年，成为美国上班族最热烈讨论的话题之一，并盘踞畅销书排行榜长达一年之久。

《呆伯特法则》中所描述的，绝大多数都是办公室中的"黑暗面"，诸如缩编、裁员、欺压部属的老板；口是心非、钩心斗角的同事；工作压力等。它的内容既尖酸又好笑。奇怪的是，这种负面教材却大受美国白领阶层欢迎。

许多美国白领（甚至居高位的总裁也不例外）认为，自己仿佛就是故事中的主人公"呆伯特"的影子，整日关在隔间里埋头苦干，老板动不动就羞辱他，同事也经常令他疯狂，可是，他却对这些现象一筹莫展，而《呆伯特法则》则是他们受苦受难最具体的代言人。

现代上班族面临的压力、郁抑与恐惧，基本上是不分东方、西方的，每一个办公室里都有发不完的牢骚、吐不完的苦水。可是，面对这些令人不快的事，究竟有没有人真的拿得出聪明的解决办法呢？

答案恐怕要令很多人失望，就连极尽挖苦之能事的《呆伯特法则》，也没有提出好的方法，而它的作者史考特，最后也选择以“在家工作”的形式来逃离办公室的栓结。

凡是有人工作的地方，就永远有解决不完的问题。听起来有点让人泄气，对于工作，大部分的人唯一能采取的对策就是“苦中作乐”。有的人以“呆伯特”相伴，帮助他们消气解闷(据称，美国人打算盖一座“呆伯特”主题公园，里面有以老板为靶子的射击场)；有的人则是尽量往好处想，自求多福。

所有的管理专家都强调一个事实——世界上没有百分之百“完美”的工作。即使选择在家工作也必须忍受许多意想不到的坏处。如果你真的面对一份无可奈何的工作，而你又无力改变它，想想“呆伯特”吧！这个世界上受苦受难的绝不只你一个。

帕德路斯基是世界知名的钢琴家，他曾被誉为“天才”，但他自己则声称：“在我成为天才之前，我可是个不折不扣的钢琴‘奴才’！”天才尚且摆脱不了工作苦闷、郁抑，或许这样想想，你会觉得好过一点，你的日子距离世界末日还差得远哪！

要把所从事的职业看作自己最钟爱的东西，也就是说要敬业。我们大家不妨想一想自己，也看一看周围的人们。

只要我们不带有任何先入为主的偏见，就不难发现，大多数人都在不同的程度上怨尤或厌倦自己的职业，总觉得自己的工作尽是不如意的地方，比不上其他人的工作。“这山望着那山高”“身在福中不知福”，就是对这些人的真实写照。然而，人们无不希望拥有快乐的工作。我们说，想拥有快乐的工作，就必须有明确的工作目的，而一个有明确工作目的的人，首先就要摒弃怨尤、厌倦自己所从事的工作的心理，代之以敬业和全身心的投入。

要把日常工作看成自己的“学问”，用心去研究它、做好它。不客气地讲，现在忙碌于工作的人们，不少人是为了有一个饭碗，充其量是为了让自己的物质生活过得更好些。因此，他们对自己的职业几乎无兴趣可言，更不要说有热情了。事实上，一个人想进步，想有所发展，就必须在钟爱其职业的前提下，去尽力做好它，并且带着一种持久的热情去研究它，在工作中发挥自己的创造力，这样才能有成就感、才会进步、才可以获得快乐。

工作中所有的矫揉造作、装腔作势、哗众取宠、故弄玄虚一旦曝光在心平静气、朴素淡雅的心情之时，立刻就变成人们茶余饭后的笑料。心底宽宏旷达的人，对眼里的一切，是喜怒哀乐也罢，是辛酸苦辣也好，都给予淡淡的一笑。如果过于现实，城府太深，对所有的事情都脱离不开利益恩怨的算计，这种人便毫无快乐可言。倘若在心境上能稍稍超越世俗功利的陈规陋习，胸怀自然清新坦荡。

快乐的心情不但使人感受到朝气蓬勃和旷达安适，同时也使人拥有清醒的反应能力。每个人的一生，总会遇上挫折，无论错在自己，或者过在别人，一定要以宽恕之道面对现实。困难总会过去，只要不从怨恨出发，不坠入恶劣情绪的苦海，就不会产生偏见、误入歧途，或一时冲动破坏大局，或抑郁消沉振作不起来。

工作中心情不愉悦，忧郁往往伴着多愁善感，深刻腐蚀着人的精神。日子一长，心情就像五月的梅雨天愁闷不开，使人有扛不起、招架不住的感觉。凑巧，这时如果碰到一件不顺心的事情，或者工作量突然加大，就容易导致精神崩溃，情绪低落，失去应付任何挫折、恐惧、不安的能力。

苦与乐并非两种境况，全在人的心境中分别，这就要看主观上用什么态度对待工作。在困苦的逆境中能把握方向不屈奋斗，常常可以感受到战胜困难的喜悦，这种喜悦才是工作的真正乐趣。如果在得意时骄纵狂妄，往往会种下日后祸患的根苗，乃至导致痛苦的悲剧。工作应抱定随遇而安的态度，事情来了就用心去做好，事情过去之后心要立刻恢复平静，如此才能保持自己的本然真性不至失去。

时刻保持微笑。微笑的魔力是巨大的，大家都会认同这样的一个观点。似乎一个简单的微笑就可以拉近人与人之间的距离，而使我们彼此变得亲切起来。人如果懂得工作的情趣，就可以从一些微小的事情中获得快乐。种竹浇花的情趣，并不亚于与知交共游的快乐。万物各有生机，只是等我去细心体会。懂得快乐的人，天地之间没有不快乐的。时刻保持微笑，在日常工作中，我们应该做到这一点。在实际生活中，我们都会更喜欢有亲和力的人，而不是特立独行、拒人于千里之外的人。

不要吝惜你的微笑。其实只需要你的嘴角稍稍上扬，只需要你的眼睛里闪烁着希望，你就是在微笑了。充分运用你的微笑吧！为了自己，也为了你周围的每一个人。

工作越积极心情越愉快

你不能决定自己的寿命，但你可以保证生命的质量；你不能预知明天，但你知道自己没有辜负今天，因为你还工作着。

人有使命感，工作意愿也会产生，上进心也会更旺盛，注意力也会更集中，心情也会更愉快。

在工作时，最重要的是使命感而不是环境。毫无疑问，工作环境要让人适应才行，但是，如果在那里工作的人没有活力，环境再好也是白搭。

人大致分两类，一类是躺着混生活，一类是站着干工作。躺着混生活的人，自感身体舒服，可宝贵的生命却在舒服之中失去了光泽，做人的精神却在舒服中消磨了锐气。站着干工作的人，付出代价，而生命却在付出中焕发了光彩，精神却在付出中换来了不朽。

高尔基曾说过："工作如果是快乐的，那么人生就是乐园；工作如果是强制的，那么人生就是地狱。"

人是陀螺，不转就不安稳。而时下的一些年轻人，只知道玩乐，而不知道什么叫工作。只盯着那些功成名就的人住着小洋楼开着进口车，却不过问他们曾付出过多少。有的却把享乐作为人生的目标，而将工作看作谋生的手段，这实在是一种本末倒置。

你不能决定自己的寿命，但你可以保证生命的质量；你不能预知明天，但你知道自己没有辜负今天，因为你还工作着。工作是人类拯救自己的希望，工作使自己的愿望变成现实。

很多不快乐的人，他们痛苦的来源是因为“把自己摆错了位置”。快乐的人非常清楚如何安排工作，不快乐的人每天睁开眼睛总是怀疑地自问：“我究竟要干什么？”所以说，要找快乐，就要懂得做出选择。

大多数人一生热衷于追求财富、权势、名誉，我们很少听人说：“我一生都在追求快乐。”因为，一般人总是相信，当他们得到财、权、名、利之后，快乐就会随之而来。不过，等到他们耗费毕生力气得到手之后才恍然大悟，快乐非但没有来，反而换来了痛苦。

快乐的人知道，快乐是人生最重要的价值，也是一种工作的态度；而那些经常抱怨工作或者活在痛苦边缘的人，他们羡慕别人的快乐，也希望自己活出快乐，但他们却总是跨不进那扇快乐之门。

忘却不快就会快乐

从心理学角度看，无论你惦记的是快乐的往事或悲愁憎恨，长期沉浸在过去的记忆里，就会与现实工作脱节。它会严重威胁心理健康和心智的发展。

乐于忘却是一种心理平衡。有一句话说的是：生气是拿别人的错误惩罚自己。老是念念不忘别人的坏处，实际上深受其害的是自己的心灵，搞得自己狼狈不堪，不值得。乐于忘怀是成功人士的一大特征，既往不咎的人，才可甩掉沉重的包袱，大踏步地前进。

我们工作在现在，面向着未来，过去的一切，都被时间之水冲得一去不复返。我们没有必要念念不忘那些不愉快，那些人间的仇怨。念念不忘，只能被它腐蚀，而变得憎恨和怨怼，甚至导致精神崩溃而陷自己于疯狂。

做人，不但要忘却不愉快的往事，也要放下沾沾自喜自鸣得意的情绪，那些情绪，往往陷你于虚妄之中。从心理学角度看，无论你惦记的是快乐的往事或悲愁憎恨，长期沉浸在过去的记忆里，就会与现实工作脱节。它会严重威胁心理健康和心智的发展。

忘却，它是忙碌的树荫。它让我们在燥热疲倦时，有机会休息，使活力恢复过来。然而，怎样才能忘怀呢？只有一个办法：放下。

康德是一位懂得忘却之道的人，当有一天他发现他最信赖而又依恋的仆人兰佩一直在有计划地偷盗他的财物时，便把他辞退了。

但康德又十分怀念他。于是，他在日记上写下悲伤的一行："记住要忘掉兰佩。"

真正来说，一个人并不那么容易忘掉伤心的往事。不过，当它浮现出来时，我们必须懂得不陷于悲不自胜的情绪，必须提防自己再度陷入愤恨、恐惧和无助的哀愁里。这时，最好的方法就是掉转念头去专心工作，计划未来，或者去运动、旅行。

如今你身在高位，你会感觉眼前的一切都是那么美好。有许多人说一些好话恭维你，使你如在云里雾中，有一种飘飘然的感觉。可是在看到眼前一片美景的同时，你也需要提防随时会出现的危险，具有较强的心理应变能力，对突发事件有足够的心理准备。那么，即使有意外失败的降临，你也会从容应付，避免手足无措。

不管风云如何变幻，形势如何急转直下，你都不要大喜大悲，情绪随着环境的变化而发生起伏。不管风风雨雨，坎坎坷坷，你都能镇定自若，大步向前。在发生了令你悲伤和欢乐的事情时，也不会发生影响工作的事情，在失败与成功的交织中，一步一个脚印地走好人生之路。

要敢于战胜暂时的困难和挫折，不管摆在你眼前的阻碍多么大，不管你接过的是一个多么破败不堪的摊子，你都不能有半点儿气馁和灰心。虽然这说起来容易，做起来却很难。但你要知道，有志者事竟成。

人是需要对自己时时加以鞭策、加以激励的，人本身所固有的张扬的个性品质，会在生活的潮流中渐渐磨平，失去原来的棱角，从而，你成为人人都乐于接受的人。但是，你不能失去做人的原则和宗旨，一些本色的东西仍然需要保留，因为这也正是你的特点所在。

月有阴晴圆缺，人有旦夕祸福，这是不可避免的，关键是看我们如何对待，如何去化解。

马拉松比赛中，在最后几公里的时候，你已领先了对手几十米的距离，但这时你已是精疲力竭，突然间的一个不注意，你身体失去了重心，栽倒在地上，过度的劳累和突如其来的不测，使你彻底泄了气，丧失了爬起来再继续跑到终点的信心。优势因为你的一念之差化作了败势，当你过后重新清醒地想一想，肯定会追悔，意志力不强无疑是你失败的主要原因。

你相信与每一位同事都相处愉快是你的责任，但这是根本不可能的事情。

你要赢得每位同事的衷心爱戴，要人人喜欢你，根本没必要，也并不重要，否则复杂的人际关系会把你搅昏，总觉得自己做不好。

有时工作压力并非全部来自工作中，很可能是你不自量力，对自己要求过高所致。

轻松最大的好处是可以让你的大脑有足够的发挥空间，而这正是每一份工作所必需的。任何伟大的创造和想法都是在轻松的状态下产生的，牛顿也一定不是抱着一定得发现点儿什么的心理才坐在苹果树下的。轻松的氛围为我们的大脑提供了充足的呼吸空间，在这样的氛围之中，大脑才可以尽情地运转，我们的才能才可以得到更好的发挥。